阿来研究·阿来文学年谱

张学昕　梁海　著

阿来论

四川人民出版社

图书在版编目（CIP）数据

阿来论 / 张学昕, 梁海著. —— 成都 : 四川人民出
版社, 2021.6
ISBN 978-7-220-12085-5

Ⅰ.①阿… Ⅱ.①张… ②梁… Ⅲ.①阿来—人物研
究②阿来—文学研究 Ⅳ.①K825.6②I206.7

中国版本图书馆CIP数据核字（2020）第238261号

ALAILUN

阿来论

张学昕　梁　海　著

出 版 人	黄立新
责任编辑	唐　婧
封面设计	李其飞
版式设计	张迪茗
责任印制	祝　健
出版发行	四川人民出版社（成都槐树街2号）
网　　址	http://www.scpph.com
E-mail	scrmcbs@sina.com
新浪微博	@四川人民出版社
微信公众号	四川人民出版社
发行部业务电话	（028）86259624　86259453
防盗版举报电话	（028）86259624
照　　排	四川胜翔数码印务设计有限公司
印　　刷	成都国图广告印务有限公司
成品尺寸	145mm×210mm
印　　张	8.25
字　　数	158千
版　　次	2021年6月第1版
印　　次	2021年6月第1次印刷
书　　号	ISBN 978-7-220-12085-5
定　　价	48.00元

前　言

　　阿来在文坛一出现，就站在极高的写作起点，表现出一个"好作家"成熟的叙事品质，其深邃的思想、独特的个性化语言、自由的文体和结构，令人瞩目。或者说，他是以一位能够改变人们阅读惯性、影响文学史发展惯性的"重要作家"的姿态出现在文坛的。他不排斥而且充分汲取外来文化和文学的养分，又始终保持着自己的行走方式，在自己喜欢的"大地的阶梯"上攀登。

　　阿来从开始写作到现在，理论界和评论界始终无法为他贴上任何的"命名""标签"，无法对他肆意地进行某种无厘头的界定。这一方面说明阿来创作的独特性、丰富性和复杂性，他始终不被任何潮流所遮蔽和涵盖；另一方面，可以看出，理论阐释的乏力，早已应该令我们这些读者和评论者汗颜。他的创作有很多值得挖掘和思考的地方，诸如文学的民族性、文学的经典化、作家的创造力，乃至"中国故事"、中国文学与世界文学的关系，等等，可以说，阿来的创作为当代文学的研究提供了一座可持续挖掘的矿藏。

　　2018年，阿来将他的长篇小说《空山》重新命名为《机村史诗》。关于书名修改的"玄机"，绝非是一种低级的商业促销策略，这在很大程度上透露出阿来文学理念的嬗变。早在2005年，阿来受邀赴美国做乡村考察，在朋友为他举办的送行宴上，阿来为他的新作起名为《空山》。阿来回忆当时的情形，"酒席将散的时候，突然发现，合同中的那本书还没有名字。大家看着我，说想一个名字吧。于是，我沉吟一阵后，脱口说《空山》。看表情就知道大家不满意这个名字。但是，没有人想出一个更好的名字来。那就叫这个名字了？就叫这个名字吧。飞美国的时间那么长，在班机上再想想？我没有反对。但我知道我不会再想了。因为这时我倒坚定起来了，这本书已经写出来的和将要写出来的部分，合起来都叫《空山》了"。[①]

　　《空山》的书名是阿来即兴而起。但我们知道，所有"即兴"的背后都隐藏着一个有力的潜意识推手。阿来的"空山"绝不是王维笔下那个宁静而充满了禅意的空山，而是潜意识中很早就有的一个宿命般的存在。实际上，什么样的空？什么样的山？始终贯穿和游弋在阿来的写作中。"空山"作为一个意象，既是阿来"激情臆造的故乡"，同时，又是一种心灵和诗性的存在，潜藏着阿来许多的情结。在一定意义上，任何一部优秀的文学作品都在力求反映人类状态的甚至世界本身的多义性。如果说，《空山》这个名字更多地倾向于"空"，仿佛为旧时代吟唱的一曲挽歌，推演的一幕悲剧，其中蕴藏着一种虔诚而庄重的反省，是对存在世界的充满悲悯

---

① 阿来：《什么样的空？什么样的山？》，载《北京晨报》2009-07-26。

情怀的坦然、率性审读；那么，《机村史诗》这个名字便带有更多的现实感，从而滑向厚重的"山"，正如李敬泽所说："《机村史诗》是一座完整的山，这个山里自成一个巨大的形态，它依然是现代的山，且变成了现代世界的一部分，变成了现代逻辑的一部分。这个巨大的过程正是一个史诗的过程，因此《机村史诗》这本书确实构成史诗，是可以与传奇史诗格萨尔王作比的现代意义上壮丽史诗。"[①]由此，我们是不是可以这样认为，从"空"到"山"，显示出阿来创作的轨迹，这是一个作家成长的轨迹，也是我们这个时代文学发展的印记。

阿来的文学创作始于1980年代。他早期的创作带有明显的民族身份认同的焦虑，还没有拓展出宽广的创作格局。到了1990年代，阿来的创作发生了明显的变化，他并不讳言自己的民族身份，但他在创作中跳出了民族身份的窠臼。他称自己的创作是"双族别写作"，这不仅意味着两个族别的意义，更含有超越族别的意味。他反复强调"特别的题材、特别的视角、特别的手法，都不是为特别而特别"，[②] "欢乐与悲伤，幸福与痛苦，获得与失落，所有这些需要，从它们让情感承载的重荷来看，生活在此处与彼处，生活在此时与彼时，并没有什么太大的区别——因为故事里面的角色和我

---

① 高丹：《〈机村史诗〉：一个藏族村落的编年史》，载澎湃新闻网，https://www.thepaper.cn/newsDetail_forward_2116280，2018–05–08。

② 阿来：《落不定的尘埃》，载《长篇小说选刊（增刊）》，1997年第2期，第97–99页。

们大家有同样的名字——人"。①《尘埃落定》《空山》等优秀长篇小说都是这一创作理念的实践。或许，是为了更多地呈现"普遍性"，阿来常常以诗性叙事建构一个象征的世界，传达形而上的哲学意蕴和寓言精神，如同"空山"之"空"，如同《尘埃落定》中的那个傻子少爷，以原型的力量集聚着藏民族的最高智慧，同时又超越了这一智慧，抵达一个充满哲理、人性和自由的境界，一种寓言般的诗意的境界，这是阿来追求"普遍性"的创作诉求。而《机村史诗》取代《空山》，以及《云中记》的创作，则让我们看到了阿来近年来创作的变化。在《云中记》中，祭师阿巴所营造的诗意的世界，便不仅仅是空灵的，同时也是神圣的。阿巴将"智"与"圣"融为一体，打破了神与人、自然与社会的界限，彰显了中国传统文化中的理想人格。从《尘埃落定》到《云中记》，作为作家的阿来，实际上是从民族走向世界，再从世界回到自我，以充满自信的主体意识去承担一个优秀作家的担当。这是阿来的意义，也是文学在当下的意义。

这本书中关于阿来研究的八篇文章以及阿来文学年谱，是我们长期以来对阿来进行"跟踪式"考察的部分成果。其中包括张学昕的《阿来论》《朴拙的诗意——阿来短篇小说论》《孤独"机村"的存在维度——阿来〈空山论〉》《阿来的植物学》，梁海的《抵达经典的一种可能——阿来创作论》《阿来小说的叙事美学》《我

---

① 冉云飞、阿来：《通往可能之路——与藏族作家阿来谈话录》，载《西南民族学院学报》（哲学社会科学版），1999年第5期，第8-10页。

们的灵魂需要美感——读阿来长篇小说〈云中记〉》《神话重述在历史的终点——论阿来的〈格萨尔王〉》，以及梁海的《阿来文学年谱》。既有总体性的作家论，也有部分文本的考察，目的是从不同的角度整合一个比较全面的视角，去汲取阿来文学创作中的那些光影投射。

从发表第一首诗歌《振响你心灵的翅膀》至今，阿来已经走过38年的文学旅途。他是那样从容，步履越来越坚实。一位作家优秀与否与族别无关，关键是他引导我们以怎样的目光去看世界。《阿来论》的写作，是我们向一位优秀作家的致敬，同时，也希望我们的努力能够抛砖引玉，可以让更多的人去思考，去挖掘阿来的意义。

目录

/ 第一辑 /

阿来论

王啊，今天我要把你的故事还给你，我要走出你的故事了。这是一个小说家的宿命，从一个故事向另一个故事漂泊。

——阿来《德格：湖山之间，故事流传》

人类操着不同的语言，而全世界的土地都使用同一种语言。一种只要愿意倾听，就能懂得的语言——质朴、诚恳，比所有人类曾经创造的，将来还要创造的都要持久绵远。

——阿来《大地的语言》

一

阿来是一位寻找故事的人。这仿佛是一场宿命的安排。生于一九五九年的阿来，今年六十岁，他写了将近四十年，我相信，他还将继续写下去。我的愿望是，努力去发现阿来是如何找到故事的，又是如何处置或者说如何安放这些故事的，而这些故事，又是如何面对现在和未来的。多年以来，每当我们谈论阿来的文学创作时，都会将"历史""民族""地域""诗性""空灵"，或者"救赎"诸如此类的关键词置入对阿来及其文本的评价、判断和描述。其实，阿来写作及其发生学中还有一个重要的词语："行旅"。因此，从一定的意义上讲，我们可以说阿来是一位诗人，并且是一位"行吟诗人"。这些年来，他的写作，总是厚积薄发，张弛有度，沉静持重，读他的文字久了，就会深感他叙述的结实、朴素，在历史、自然和纷繁的现实面前，能够体察到他感性和理性的平衡度，体会到他书写时那种触动心灵的力量。这些年来，他循着地理的面貌，勘察那些承载着川藏人文印迹的历史、自然、文化地形图。在他的文字中，我们也深深地感受到他对行旅的热爱，在大自然里对生命的无限沉醉的情绪和感怀。一个真正的作家，一定是永远"在路上"，因为，在历史、现实和自然的交会处，才会有沿途的风景和沉潜的秘密。

我曾经猜想，一个作家的写作，以及他的审美视阈和叙述维度，究竟与他对社会、人生、人性、自然、生态的现实性体验之间，存在着一种怎样的联系？我渐渐清楚了，阿来在始终略显密集的行旅中寻找着什么。可以肯定，在他灵魂、精神世界的深处，一定存有一个巨大的隐秘，这个隐秘也可能来自一种巨大的隐忧和期待。或许，这就是他期待文字之外，存在一个没有因时代的过渡递进而变迁的人的安详、坦然和平静的状态。无疑，当阿来无数次穿越峡谷、群山、荒野和川流的时候，他所渴望的，一定是生机处处的美丽的植物的冠冕，而不是被现代挖掘机械践踏过的、被无序补缀过的人工丘陵。明显地，我们这个时代的生活与自然的进程相比，早已经呈现出格调和色泽上的极大不一致。整个生态系统并非静态，它们随着时间以一种有序的、可以预测的变化而发展，甚至，很多时候，这个变化系列是由植物和动物自身所更改的环境而导出的。我们在与其他物种，包括植物和动物打交道的时候，总是过于自信和高傲，甚至毫无理由地显示出无厘头的嚣张。即使是那种想象上代表着高于自然力量的某种驯化能力，也被我们自己大大地夸张了。更多的时候，我们应该能够从植物本身所发出的信息中感知，或者，我们在审视它们在四季中的性格时耐心思考，这样也许可以看出，它们其实根本就不想与人类做什么交易。它对于我们更具有启示性的预警。所以，阿来与自然的贴近，就更让我们掩面沉思。

二十多岁的时候，我常常背着聂鲁达的诗集，在我故乡四周数万平方公里的土地上四处漫游。走过那些高山大川、村庄、城镇、人群、果园，包括那些已经被丛林吞噬的人类生存过的遗迹。各种感受绵密而结实，更在草原与群山间的村落中，聆听到很多本土的口传文学。那些村庄史、部落史、民族史，也有很多英雄人物的历史。而拉美爆炸文学中的一些代表性的作家，比如阿斯图里亚斯、马尔克斯、卡彭铁尔等作家的成功，最重要的一个实践，就是把风行世界的超现实主义的东西与拉丁美洲的印第安土著的口传神话嫁接到一起，从而创造出一种全新的、只属于西班牙语美洲的文学语言系统。

我们是否可以这样描述一个杰出作家的写作及其文本形态：一个作家的写作，除了与自身的经历、生命体验和才情息息相关之外，他的文本生成还与他所处的环境、地域、地势有着不解之缘。所谓"地气"，就是作家生于斯、长于斯、催生其创作灵感频发的写作发生地。就是这个场域，使得一位作家对历史和生活的感悟，获得了一种独到的文化方位和叙述视点。可以想见，一位作家的写作，一旦拥有了属于自己的心理、精神坐标及灵魂"方位"、叙述视点，才有可能形成与众不同的、富于个性化的气势、气脉、气象。有了这些，他对文字的轻与重，叙述的把握，对存在世界、历史和现实的理解，才可能更加逼近事物本身。文本中的故事、人物、叙述、结构才会逶迤而来，流溢而出，天然浑成。我们会看到，阿来的叙述里总会有一个目光，一种眼神，起起伏伏，不时地透射出神性的色泽。虽然，在其间还看不到那么明显的哲人的影子，但是，作家对生活、存在世界的体味都非常自然地浮现着，不离不弃，妙义横生。阿来文本叙述的单纯性、含义的适量，就像是有一股天籁之声，他无须用文字刻意地给生活打开一个缺口，使生活在某种刻意设置或操作之下运转，而是作家擅于从容地发现存在世界本身的品质或隐秘，洞悉那些裸露或者被表象所遮蔽的形态。

的确，我在阿来的文字中，根本看不到丝毫的浮躁。存在世界，在他的笔下也就不显得臃肿，而是形态飘逸、轻逸又扎实牢靠，不折不扣。无论他叙述的是什么题材和人物，都非常清净、细致、自然。这恐怕是缘于他对一切事物的态度——不苛求、不抱怨、不造作，可谓是有甚说甚，从容不迫。他崇尚简洁、清晰、明确，他具有"四两拨千斤"的艺术感觉和功力。生活的结构，在他的文本中从不闪闪烁烁，他对俗世生活没有调侃、没有戏谑，也没有苛刻的批判；另一方面，其文本还蕴藉浪漫的飞扬、灵动，使作品具备了令人尊敬的品质。有时候，时代、社会的面貌在叙事里经常显得模糊、含蓄、难以辨认，但作为作家正直的人格始终坚实地存在着。历史、现实、生活、生命的存在形态，消长枯荣，或具有超然于政治、社会、意识形态的定律，或嵌入世道人心变迁的个人命运史。其中荡漾着恒久、持续的经典气息，呈现出深沉、厚重的表情。正是这样的文字，才会让我们拿起来放不下，既令人沉浸其中、引人深思，又常让我们对历史、生活世界恍然间有深刻感悟。也许，阿来的文字真正是素朴到了极处，才会境界全出，气定神闲一如他的镇定的表情。可谓是大道至简，大雅小雅，从容道来，即便是俗世的云影水光，也会流溢着汉语的神韵。

阿来是一位作家，更是一个自然之子。作为一个并不生活在西藏的、用汉语写作的藏族人，他一直在讲述四川藏区阿坝的嘉绒大地上发生的故事。二十年前，长篇小说《尘埃落定》的出版，使世界开始知道藏族大家庭中这样一个极其特殊的文化群落的坚实存在。阿来作为一位嘉绒子民，一个部族的儿子，也为此感到一种巨大的自信。他以他的文字，表达着他对这片大地由衷的情感和深沉的情怀。数年来，他不断地回到他"生于斯，长于斯"的阿坝，回到那片旷远的群山和辽阔的草原，一次次地出发，又一次次地归来。阿来的写作，是行走在"大地的阶梯"上的写作；阿来的行走，是文学的行旅。他对世界和人的爱及所有的情感，都聚焦在对生活在大地上一切事物的热爱。

　　那部《大地的阶梯》，曾经令我迷恋和沉醉。表面上看，《大地的阶梯》就像是阿来绘制的、循着地理的坐标，寻访川藏人文历史足迹的一幅文化地形图。在这里，川藏高原历史、文化、人类的踪迹，与大自然的雄伟、神奇、浩荡之气，在时空的浩渺中，就像那落不定的尘埃，随风飘散。在这些文字中，我们也会不断地体会到阿来在大自然中无比沉醉的情绪和感怀："就是这样，我从尘土飞扬的灼热的夏天进入了山上明丽的春天。身前身后，草丛中，树林里，鸟儿们歌唱得多么欢快啊！我就是这样，一次一次，感谢命运如此轻易地就体会到了无边的幸福。""在我久居都市的日常生活中，很多时候，我会打开一本又一本青藏高原的植物图谱，识得了许多认识却叫不出名来的花朵的名字。今天，我又在这里与它们重逢了。"①鲜红的野草莓、紫色的马先蒿、蓝色的鸢尾，生机处处；白桦、红桦、杉树、松树、柏树，蓊郁如海。阿来在那次漫长悠远的行旅中，似乎在无数植物茂密的植被下，玄想、推断出在这样的环境里曾有多少鲜为人知的秘密和曾经发生的故事，包括那些土司家族的宿命，政治、经济、环境与文明的崛起和衰落的历程。那么，大地上所发生的一切，是否就如同在纯生物繁衍意义上，一种家族的基因和血统，历经几百上千年的风霜雨雪，终于因为穿越得越来越疲惫，而失去最后一点动力？我曾在《阿来的植物学》一文中，描述过阅读这部美文时最初的感想："整个人类社会的里程，就像大地的阶梯，在无数的阶梯上面，零星散散的村落，宛若那些有名字或叫不出名字的小小花朵，映现、记载着大千世界的四季流转，风云变幻的轮回，与存在世界对视的不仅仅是人的面孔，还有摇曳在大自然中植物的生命力。那么，人的力量和美好，就体现在向上攀登的行旅之中，体现在人与自然美轮美奂的呼应之中，正所谓'同声相应，同气相求'，乃至天人合一的境界，才是人与自然相互的赋予、相互的求证。我开始猜想，一个作家的写作，以及他的审美视阈，究竟与对自然、生态的体验之间，存在着怎样神秘的联系？我也渐渐明白，阿来在始终略显急促的脚步中寻找着什么。可

① 阿来：《大地的阶梯》，南海出版公司2008年，第32页。

以肯定，他的精神世界的深处，一定有一个巨大的隐秘，这个隐秘也可能来自一种巨大的隐忧和探寻的渴望。或许，那就是他期待文字之外，存在一个没有因时代的过度递进和变迁的人的安详、坦然和平静的状态。尤其当阿来无数次穿越峡谷、群山、荒野和川流的时候，他所渴望的，一定是生机处处的美丽的植物的冠冕，而不是被现代挖掘机械践踏过的、被无序补缀过的人工丘陵。"①

　　2013年的春夏之交，我因为参加四川省作家协会的一个文学活动，随同阿来一起来到川北藏区，在十余天的时间里，访问了包括阿来的故乡马尔康在内的许多县、乡镇，算是真正身体力行地"重叠了"阿来在《大地的阶梯》中描述的许多山川河流。在马尔康的住处"嘉绒大酒店"，每天晚上，我枕着梭磨河湍急不息的流水声入睡，梦中的马尔康，仿佛是千呼万唤，变得可亲可近，可摸可触。阿来叙述文字中的情境，如同一部空间诗学，纷至沓来。一切都变得那么鲜活，那么亲切，像嘉绒、土司、风马、喇嘛、寨楼、磨坊、酥油，等等，都已经不再只是拥有一个简单的释义的词语，它们能够让你猜测、想象、延伸出历史、现实、世道人心和文字叙述之间的隐秘关系。隐隐约约地，阿来的小说似乎变得离我越来越远，而阿来的"现实世界"，开始向我"扑面而来"。

　　也许，对于一个作家来说，行旅，必定就是文学的行旅。这

---

① 张学昕：《阿来的植物学》，载《文艺评论》，2012年第1期，第67–69页。

并不仅仅是因为阿来的许多作品都是在旅途中写就的。行旅之于阿来，更有别样的意味和意义。但是文学，也必然要在历史、时代和生活的行进途中向前延展。对于一个阅读者而言，如果想要真的读懂一位作家的文字，恐怕不仅要揣摩文本、思考作家，还应该用心去丈量作家与作品之间的文化、心理和精神的维度。因为，写作是一件太过神奇的事情，只有体验和感觉到作家饱含思想的最大纵深处，感受其对具体事物的体悟和对世界整体的沉思，才可能会理解一个伟大作家的文本结构及其深邃内涵。我在想，我们如何才能接近阿来的"大地的阶梯"呢？在阿来的不同的阶梯之上，会有怎样不同的风景呢？阿来的阶梯与阶梯之间的距离，又有多远呢？

　　若干年前，就知道有这样一句话：诗比历史更永久。后来，我又读到美国批评家、史学家海登·怀特那本《后现代历史叙事学》，了解到他对历史文本的形成曾有独到的看法：历史也是一种写作、一种修辞的灵活运用，历史不仅仅是对于史实面貌的再现，它还是一种埋藏在历史学家内心深处的想象性建构，而这种建构总是有意无意地遵循着一个时代特有的精神结构。历史写作，算是一个老生常谈的问题，但仔细想想，历史这个曾经在我们内心无比神圣的字眼，具有多么强大的不可颠覆性，原来竟然也是一种"想象性建构"。说到底，它也不过是依据某种规则和"模型"进行的"创作"。如果按着海登·怀特的理论，历史可能是一部凭借着某种意志力撰写的"花腔"，虚构的元素常常会覆盖事实本身。如此说来，史学和诗学，在建构的某些方面倒是可能存在着某种"共性"和"相似性"，两者之间甚至存在不可忽略的"互文性"。那么，历史的撰写与文学的虚构，究竟有多大的差异性和本质性区别呢？慢慢地，我开始理解这些话的深意，也更有兴趣思考文学文本和历史文本之间错综复杂的关系。

而现在，在我们的时代，这个问题似乎变得更加复杂、更加微妙起来。这主要是因为我们的时代，变得比以往更加微妙和复杂。这是一个什么事情都可能"肆意"发生的时代，是一个会经常令人猝不及防、倍感错愕的时代。即使我们会看见、发现、记录下来关于这个时代的种种事件，通过现在的文学，或将来的历史写作为"此时"留下痕迹，但是，无论是现在还是将来，我们都必须考虑到，我们所面临的现实和时代高度的"不可把握性"。也就是说，在这个时代，我们会真正地"看见"什么？"看见"之后，我们能够或者应该记录下什么？阿来说："这是一个一切事物都有多种媒体争先呈现的时代，对个体来讲永远信息过量的时代。个体的人在这样一种境况下，所有的'看见'，都可能是被动的，匆忙的，看见后又迅速遗忘的。环顾四面八方，看见那么多人用卡片机、用手机不断拍照时，我总是想，人们试图用留下图像的方式抵抗遗忘。我也喜欢用照相机，喜欢通过不同功能的镜头去'看见'。但不是为了保存记忆，而是试图看见与肉眼所见不太相同的事物如何呈现。"①我知道，阿来所担心的是，消费时代的"看见"，有一个巨大的缺失，那就是缺乏内省。这个时代提供给我们的实在是太多太多了，它在提供巨量信息的同时，似乎已经在很大程度上规定了我们的某种判断方向，很容易让我们在"阅读"和"经历"这个时代生活的时候，迷失个性的体验及其判断。阿来希望"看见"的，是经过自己主动选择的。而"所有经历过、打量过、思虑过的生活与事物，要很老派地在自己的记忆库中储藏，在自己的情感中不断地发酵。一切经历、打量和思虑的所有意味，要像一头反刍动物一样，在夜深人静的时候，从记忆库中打捞出来细细咀嚼"。②可见，阿来的"看见"是文学的看见，他追求的是更加个性化的审美，他努力摆脱的则是历史写作中不可避免的外来意志的驱动，拒绝另一种极易丧失鲜活生命气息的"虚构"，他喜欢个人在时代和生活中的"意识流""生活流"。无论是《尘埃落定》《空山》，还是《格萨尔王》《瞻对》《云中记》，以及《大地的阶梯》《草木的理想国》，都是阿来的"生活流"和"思想流"，飘逸、凝练、自由、奔放、厚重。因此，在阿来的诸多文字中，我们感受到在对历史的焦虑和疑问里，他执着地梳理，充分地舒展精神和语言个性及其纵深度。因此，有的时候，我们会感觉到，阿来在写作中

① 阿来：《看见》，自序，湖南文艺出版社2011年。
② 阿来：《看见》，自序，湖南文艺出版社2011年。

似乎有意无意地混淆现实和写作之间的复杂关系，而他灵感的泉源，都是在大地上行走时用心"看见"的、思考过的。

　　在这里，我用这么多的文字来铺垫、引申出我对阿来小说写作及其发生学的理解，完全是为了能更好地阐释和说明阿来小说的与众不同之处，那就是阿来是如何"看见"和处理我们所面对的、复杂喧嚣的生活，阿来的审美活动是如何完成的。我们会看到，阿来文学的"阶梯"与"阶梯"之间，不仅架构着历史、现实，还延展着自然和人性，阿来所要呈现的，就是一个有良知的作家所"看到"的一切内在的真实和美好，在这里，我们能够深刻地感触到阿来小说的"写作发生学"。

二

　　可以说，具体地进入阿来的文本世界，阿来的短篇小说是最不容忽视的存在，它也最能体现出阿来最具个性的、叙事上"朴拙"的艺术形态，同时，从这里可能最早探寻到阿来文学叙述的"写作发生"。我感到，阿来的短篇小说，就是要试图"还原"给我们一种形而下的本然世景，这一路向，在他最早的短篇小说《老房子》《奔马似的白色群山》《阿古顿巴》等作品中，就已经初见端倪，及至他后来的"机村"系列中的若干短篇，尽显无遗。在这里，其短篇小说的"拙"态，已经构成阿来短篇小说的叙事美学。我猜想，作家阿来在写作这些短篇小说的时候，或是灵感突来，或者苦心孤诣、蕴蓄已久，他都仿佛在寻找着一种声音，或者是在等待一种声音。而这种声音一定是一种天籁之音。同时他也努力地在制造着一种声音，其中凝聚着一种非常大的力量，那是一种能够扭转命运和宿命的日益丰盈的精神力量。这种声音，也构成阿来小说叙事的节奏和话语情境。

写于1986年的《奔马似的白色群山》，是阿来早期短篇小说代表作。它的篇名，立刻让我们想到海明威那个著名的短篇小说《白象似的群山》。从写作发生学的视角看，我愿意相信并判断阿来这篇小说的灵感，源于海明威这个短篇小说的中文译本。与海明威笔下那两个人的爱情故事不同，阿来的人物——司机雍宗，所经历的是一个人的旅程及其惊心的"遇见"。相近的是，阿来的小说也是试图表现人的生存环境、生态危机的困境中，人的精神生态该如何改善，人的道德、伦理、信仰等重大的精神、灵魂问题需要怎样面对。只不过海明威从生命个体的爱情、情感困惑的视域，选择表现人生的那种无奈、失落和怅然，既聚焦内心又向外部发散；而阿来则是通过一场雪崩和车祸的肇始，表现雍宗潜在的人生困扰，信仰建立的艰涩和茫然，以及他试图做一次人生穿越的胆识和勇敢。

他感到心中茫然若失。

前面一列列无尽头的白色群峰，像一群群昂首奋蹄的奔马，扑面而来。又从倒车镜中飞速地向后堆叠、堆叠，又复消失。

他的内心也如这镜子一样，许多感触交融其中，又落入一个无底的空洞。那些白色群山成为活的奔马，奔涌而来，奔涌而来。他加大油门迎向那些奔马。结果触发了一次小小的雪崩。他的感觉是那些奔马的铁蹄发出金属特有的声响，它们白色的鬃毛遮住了他的眼睑。

在这个短篇小说中，阿来反复地强调和呈现司机雍宗从倒车镜里所看到的一切。沿途的所见似乎经过"倒车镜"的反射角度才可能得到真实的确定。他也只有在镜中才能辨析出人们各种复杂的表情和心思。显然，叙述中蕴藉着浓郁的象征和寓意。这篇小说与海明威的《白象似的群山》，都重在表现人在生命旅途上难以避免的落寞、茫然、虚妄，甚至不幸，这让我们感受到世界和俗世的种种奥义、繁杂性。从这个短篇还可以看出，阿来从开始写诗到写小说，一上手，就显示出诗人的气质，他叙述的隐喻性和文字体现出的时间空间张力，让我们洞悉了阿来的个性和天分。

《格拉长大》无疑是阿来短篇中的极为精彩的一篇。在这个小说里，除了继续保持朴素的叙述气质之外，阿来开始捕捉人性内在的深度性和广泛的隐喻性。格拉同样是一个"拙"气十足的人物。这个后来在长篇小说《空山》中被舒张、深入演绎的人物，在这个短篇中则体现出阿来赋予他的超常的"稚拙"。据说，这篇小说是阿来在写作《空山》的间隙中完成的，我不知道关于格拉的叙述，阿来在《空山》和《格拉长大》之间有着怎样的设计和考虑，也许这个短篇就是阿来对格拉这个人物格外偏爱的产物。这就像是好的音乐总会有余音绕梁，一些细小的尘埃仍然会在空中飘浮一段时间。阿来写《格拉长大》或许是将《空山》里意犹未尽、未能充分展开的部分进行了丰沛的表现，使其在这个短篇里成为一个新的中心。这样，短篇的格局就会使小说呈现出一种新的可能性。正是这个短篇将格拉的"朴"和"拙"聚焦到一个新的状态或层面。我们惊异格拉这个"无父"的少年，与母亲桑丹相依为命的从容。他与阿古顿巴一样，也从来没有复杂的计谋和深奥的盘算，"他用聪明人最始料不及的简单破解一切复杂的机关"。[1]在小说中我们好像看到了两个少年格拉，一个是那个憨直、能忍受任何屈辱、能学狗叫的、对母亲百依百顺的格拉，另一个是勇敢、强悍、不屈不挠、坚执的格拉。在"机村"这个相对封闭自足的，还有些神秘的世界，道德和伦理似乎都处于一种休眠或暧昧的状态。格拉就像是一个高傲的雄狮，在斗熊的"雪光"和母亲生产的"血光"中，以本色、"朴拙"而勇敢的心，建立起人性的、自我的尊严。从阿来

---

[1]　阿来：《文学表达的民间资源》《中国当代作家面面观·汉语写作与世界文学》，春风文艺出版社2006年版，第249页。

对这个人物在不同文本中的艺术处理，可以看出阿来对这个人物的喜爱。阿来小说中有许多这样"神遇"般的人物，他在写作《尘埃落定》和《空山》时，认为有些人物可能不宜在长篇小说的大结构中铺展开来，但他又有很大的不舍，于是，阿来就以这些人物为中心，另外写成独立的中篇或短篇，像《月光下的银匠》《行刑人尔依》《自愿被拐卖的卓玛》，这一点，似乎也可以视为阿来写作发生学的案例。

在《大地的阶梯》里，阿来隐约透露了短篇小说《野人》《银环蛇》《群蜂飞舞》等一些作品写作的"触发点"。无疑，阿来的这一批小说，都是在他的"大地的阶梯"上，接上了大地雄浑的"地气"。《大地的阶梯》描述的故乡群山的苍茫，尤其是那些高山通向高处的阶梯——在海拔的最高处，从拉萨，从青藏高原的腹心，顺着大地的阶梯，沿着历史的脉络，逆向拾级而下，那是阿来的一次极其漫长的文学行旅。这也是他写作的源头，精神追逐的轨迹，是他的出发地，也是他写作的"回返地"。短篇小说《野人》的灵感或者说经历，就来源于阿来"走向大渡河"的途中，是他在丹巴县城驻足前后的一次切身体验。阿来此前的行程、线路是这样的：一次作家笔会结束后，他们先是沿着大渡河，到二郎山，泸定的贡嘎山怀抱里的海螺沟，这里的低海拔冰川和温泉，再到康定。阿来在此与所有的同行者分手，独自踏上旅程。"然后，于一个蕴雨的早上,在康定车站乘上去丹巴县的班车上路了。"①在去往丹巴的途中,班车三次停下来,第三次停车是因为泥石流从毫无植被遮掩的陡峭山坡上流泻而下所致,泥石流淹没了上百米的公路,堵住了去路。阿来决定走向目的地。阿来离开班车,在许多走私、贩弄真假松茸、虫草、金子和文物的商贩挤兑下,独自开始了烈日下的行走。就这样,阿来穿越了"仙人掌河谷""一片消失的桦林",目睹和感受到近百年间人们以"建设"和"进步"的名义造成的巨大的生态灾难。从泸定到丹巴,一百多公里的行程,晓行夜宿,阿来走了整整三天时间,终于抵达丹巴县城。接下来,我们就会看到短篇小说《野人》和那部长篇文化地理散文《大地的阶梯》中所描述的部分经历、感受和场景,在一些细部之处的"重叠"和"交叉"。在丹巴,因道路多处塌方,阿来不得不滞留丹巴,却意外在这个小县城的小书店,买到了萧蒂岩的《人·野人·宇宙人》。也许,迄今我们也难以想象,十几年前的这个时候,坐在丹巴大小金川河汇聚的河口,或是坐在丹巴县城广场上读这本书的阿来,是否一直对野人和外星人进行着奇特的想象?就像我一直在强调的,阿来在这里的叙述,似乎在有意地混淆生活和虚构的边界和逻辑关系。我也始终在想,他为什么愿意以这样的方式,整合写实和虚构的关系呢?

---

① 阿来:《大地的阶梯》,南海出版公司2008年版,第120页。

阿来自己可能也没有想到，另一个旅行者——"阿来"，在那个小城的遭遇，成为他的一篇小说的灵感和叙事材料的出处，成为自己文本的叙事视角，或者主人公之一。这时，我们看到了两个阿来，正穿梭在现实和虚构的文本之间，叙述没有什么设计，一切都顺其自然地进行。小说里，在丹巴县城住小旅店的时候，阿来与店主的孩子旦科相识。他是一个善良的孩子，一次特别的人生经历，使他幼小的内心遭遇了沉重的撞击，也让他害上神经系统的疾病，经常在夜间发作。这一切，都源于这个村落以及周围的上千人，对森林恶性的屠戮式砍伐。旦科和哥哥，向阿来倾诉了这个叫竹巴村的村落，以及爷爷与野人之间的沉痛往事。野人的生死，仿佛冥冥之中决定着这个村落的命运，决定着许多人的生和死。野人在人们对自然环境的破坏中，与人们产生了裂隙，甚至仇恨。爷爷在村民的怂恿下，用锋利的长刀，刺死原本是来拯救爷爷和人们的女野人，就在那一刻，植被遭到严重毁损的山体产生滑坡，泥石流吞没了村庄。实质上，生物链不仅是自然界的一种内在的逻辑关系，还牢牢地捆绑着人与自然的道德伦理。野人密切而微妙地连接着人与自然的一种关系，而人在自然面前的自私、轻狂、非理性，毁损的不仅是自然，还有人类自身。阿来在平静的叙述中，直接逼视到人们在人性的、黑暗的深渊地带的狂躁不宁，当代人在这个"野人"面前，显现出扭曲和逼仄的内心。

　　我想，在这里，阿来绝不仅仅想通过对现实中一个故事的处理，痛心地谴责人类对自然的肆意毁损、践踏，更是要让我们看见人性在一个时代里的整体性扭曲和变异。这其中不乏些许无奈、惆怅和悲怆。在自然的法则里，并不是所有的问题，都能够轻松地解决，其实，这里蕴藏着我们时代一个巨大的政治、文化和哲学的命题，它向我们这个时代发出"天问"。阿来对生活的责任感和担当情怀、内心的不安和焦虑，都由此凸显出来。

《银环蛇》这个短篇小说的产生，也与这次旅行的一次意外遭遇有关。阿来在"走向大渡河"的行旅途中，从贡嘎山附近的海螺沟冰川下来以后，在山上穿越幽暗的森林，竟然三次遭遇银环蛇的袭击，被阿来称为是"被三条银环蛇上过一堂生动的生物课程"，这个短暂的经历刺激了阿来去想象、构思一篇小说的冲动，于是，在这次旅行结束之后，阿来写了这篇"唯一以动物来推动情节发展"的短篇小说。小说情节非常简单，但感受很细腻，它将人在特殊境况下的心理、精神状态表现得毫发毕现。在特殊情境下，人们各自的身份、经历、性格等都自然流露出来。小说描述互不相识的旅行者一行五人，他们来自城市、山里和水边几个不同的地方，在一个偶然的机会凑在一起，共同开始一段旅程，小说叙述他们在危急中如何担当、如何交流，内心的起伏和波澜被演绎得趣味横生。小说聚焦的是银环蛇的三次出现，面对这种异类制造的巨大恐惧，男人在危险出现时行动得空前一致，联合起来疯狂地对银环蛇进行攻击，直到消灭它们；原本互不欣赏的两个女人的关系，在这个时候也变得异常紧密。人在动物面前所呈现出的形态，让我们窥视出人内心怎样的阴影？对于银环蛇，阿来的描述令人感到讳莫如深。蛇，真的是通灵的吗？第一条蛇与第二条蛇之间是心有灵犀的一族吗？三条形状、颜色、图案完全相同的银环蛇究竟是怎样的关系？它们先后出现在这群人面前是否偶然？人与蛇之间一定是相互不可理喻吗？人类一定要与其为敌，必须伤害它、杀死它吗？蛇给了人们什么暗示或者启发呢？小说确实像一则旅途日志，根本没想在其中寄寓什么太大的命意，始终保持叙述的"原生态"，却让我们在阅读后，一直对文本怀揣着"螳螂捕蝉，黄雀在后"的猜测，小说极大地延伸着我们的想象。

近些年的创作界、批评界正在流行一种说法："非虚构写作"。其实，仔细想想，这实际上是一个无须讨论的问题，文学写作或者叙述的本性就是虚构。在雷蒙·威廉斯看来，"情感结构埋藏在生活内部，无法依靠几个理论术语提炼或者概括，只能在活跃的、枝蔓丛生同时又浑然一体的日常经验之中显现。"[1]阿来情感经验的丰富性，早就积淀和埋藏在叙述的情感结构和基调里了。而叙述因为情感元素的充足，在自然的时间时序里，事物的日常性，会显得格外丰盈，富有底气和生气。若是回到作家写作主体的话题，我们还可以从写作主体的人格力量来考量写作姿态，以及对

---

① 刘进：《文学与"文化革命"：雷蒙·威廉斯的文学批评研究》，巴蜀书社2007年版，第385–401页。

作品的影响。作家只有以自己的目光和体温，才能清晰地映照、闪回出生活和个人的那些真实的细部。一个好的作家，不会总是怀有"解构"历史、现实的欲望和冲动，他只有小心翼翼地、踏实地对生活进行叙述。我一直坚信生活本身的传奇性，在很多时候就已经具有或超越"故事"所营构的传奇性，它甚至无需"虚构"，就会产生叙述动人的、触动心灵的力量。而经历或经验本身便会自行"发酵"，可能产生叙述的强大的"内爆力"，进而，引申出文本无限的可阐释性。无论是虚构，还是"非虚构"，我们都能感受到阿来情感的丰饶和挚诚。坚硬的故事内核，被忠实、朴素的叙述愿望裹挟着，演绎出精彩的"灵魂之舞"。我更能感觉到阿来虚构的力量，这力量在于他的沉静和持重。读他的文字久了，就会深深感知他的人与文都是如此结实，张弛有度，他总会在混杂、纷扰的人间世相中，体察到感性和理性的平衡度，以及表现方式的朴素和特别。

三

不夸张地说，阿来是一位极其睿智的作家，是一位无可争议的极富天赋的作家。我所说的这种"睿智"，是指他对写作本身超强的悟性和天分，以及他面对存在世界和事物时所具有先天的"佛性"。这些显然是许多中国作家无可比拟，甚至难以企及的。回望阿来的写作，从上世纪80年代的诗歌创作开始，阿来就已经显示出他对事物充满诗性的、精微的感悟力和审美个性，包括他以艺术的方式整体性地把握世界或存在的艺术天赋。可以说，他是1990年代最早意识到时代和生活已经开始再次发生剧烈变化的作家，也是最先意识到文学观念需要及时地、尽快调整的作家。因此，当他在1994年写作《尘埃落定》的时候，许多作家还依然沉浸在1980年代文学潮流的嬗变和以往的文学叙述方式、结构方式的惯性里面。而这个时候，阿来已经在使用另外一种全新的、与生活和存在世界更加契合或者说"默契"的文学理念开始自己的写作了。回顾一下当时的写作，尽管许多作家在自己的写作中寻求突围，但仍然在本质上因循着试图将"中国经验"进行"马尔克斯"化一类的表达。而阿来、莫言、贾平凹等杰出作家所思考、所践行的是更开阔的超越。阿来更在考量自己该如何沉淀文学写作的民间资源，如何让写作在异质性文化之间跋涉和穿行。因此，阿来在文坛一出现，就呈现出极高的写作起点，就表现出一个"好作家"成熟的叙事品质、深邃的思想和简洁、纯净的个性化语言、文体和结构。或者说，他是以一位能够改变人们阅读惯性、影响文学史惯性的"重要作家"的姿态出现在文坛的。他不排斥而且充分汲取外来文化和文学的养分，却始终保持着自己的行走方式，在自己喜欢的"大地的阶梯"上攀缘。

阿来从开始写作到现在，理论界和评论界，始终无法为他贴上任何的"命名""标签"，无法对他肆意地进行某种无厘头的界定。这一方面说明阿来创作的独特性、丰富性和复杂性，他始终不被任何潮流所遮蔽和涵盖；另一方面，可以看出，理论阐释的乏力，早已应该令我们这些读者和评论者汗颜。我猜想，阿来在写作的时候，或是灵感突来，或是苦心孤诣、蕴蓄已久，他都仿佛在寻找着一种声音，或者是在等待一种声音。而这种声音一定是一种天籁之音。同时他也努力地在制造着一种声音，其中凝聚着一种非常大的力量，那是一种能够扭转命运和宿命的日益丰盈的精神力量。他曾借用佛经上的一句话表达他写作的梦想："声音去到天上就成了大声音，大声音是为了让更多的众生听见。要让自己的声音变成一种大声音，除了有效的借鉴，更重要的始终是，自己通过人生体验获得历史感和命运感，让滚烫的血液与真实的情感，潜行在字里行间。"①这种声音，因为聚集着血液与情感，定然会平实而强大。我甚至想，一篇好的小说的诞生，一定是一首获得了某种近乎神示的诗篇。所以，从阿来的小说中，在看似率真简洁、汪洋恣肆的朴拙的叙述中，我们既可以领受到他作为一个作家天性的感性表述能力，还能从这些篇章中体味到旷达的激情，以及饱含"神理""神韵"的宽广与自由。

---

① 　阿来：《就这样日益丰盈》，解放军文艺出版社2002年版，第294页。

阿来的藏族身份，自觉或不自觉地提供给阿来一种与众不同的文化意识、思考方式，也给他提供了别一种审美维度。这成为一个很重要的视角，因为，阿来的文化背景和语言的特质，决定了阿来在使用汉语写作时的独特优势。这一点，在他早期的小说写作就已经有明显的表现。1987年发表于《西藏文学》上的短篇小说《阿古顿巴》，是阿来早期短篇小说的代表作，也是他小说创作中最重要的作品之一。在这篇小说里，我们可以发现阿来最初的小说观念的形成和成熟。在这里，我们甚至可以说，阿来小说所呈现的佛性、神性、民间性的因子，在阿古顿巴这个人物身上有最早的体现。从一定程度上讲，这篇取材于藏族民间传说故事的小说，也体现了阿来自身对一个民族的重新审视。他对这位民间流传的一个具有丰富的、复杂的、智慧的平凡英雄的理解和艺术诠释，令人为之震撼。这是一篇重在写人物的小说，试想二十几年前，阿来就打破了以往民间故事的讲述模式和基本套路，打破了这种"类型"小说的外壳，对其进行了重新改写和重述，这的确需要相当大的勇气。因此，时至今日，我始终没有感觉到这是阿来的一篇"旧作"。看得出，阿来这篇小说的写作是轻松而愉快的，他笔下的这个人物阿古顿巴，就是一个有着高尚智慧和朴拙外表的"孤独"的英雄。"阿古顿巴是具有更多的佛性的人，一个更加敏感的人，一个经常思考的人，也是一个常常不得不随波逐流的人。在我的想象中，他有点像佛教的创始人，也是自己所出身的贵族阶级的叛徒。他背弃了拥有巨大世俗权力和话语权力的贵族阶级……用质朴的方式思想，用民间的智慧反抗。"①

　　阿来在这个短篇中努力赋予了这个人物丰厚的精神内质。事实上阿来做到了。他没有在这篇小说中肆意进行类似故事"新编"那种"新历史主义"的虚构，而是在一个短篇小说的框架内，进行自然的讲述。主人公的"拙"与小说形式的"拙"相映生辉。阿来给阿古顿巴的出走找到了一条非常轻逸的道路。阿古顿巴就像是一头笨拙的大象，更是在人和神之间游弋的自由而朴拙的英雄，这个内心不愿听凭命运安排又坚韧、执拗的藏族版"阿甘"，仿佛连通着宇宙间神灵与俗世的一道灵光，"他都选择了叫自己感到忧虑和沉重的道路"，"阿古顿巴知道自己将要失去一些自由了。听着良心的召唤而失去自由"。我想，阿来写这篇小说的时候，他一定还没有读到过辛格的《傻瓜吉姆佩尔》，但他同样在几千字的字幅里写出了阿古顿巴的一生。阿来的叙述让阿古顿巴人生的几个片段闪闪发亮。就像辛格叙述的吉姆佩尔，"这是一个比白纸还要洁白的灵魂"，阿来通过阿古顿巴表达了憨厚、善良、忠诚和人的软弱的力量，这是一种单纯或者说是纯粹的、智慧的力量，当然，这也是来自内心和来自深远的历史的力量。阿古顿巴正是凭借他的"朴拙"、孤独和异禀而催人泪下。

---

① 阿来：《文学表达的民间资源》，《中国当代作家面面观·汉语写作与世界文学》，春风文艺出版社2006年版，第248页。

我感到，在一定意义上，《尘埃落定》是对《阿古顿巴》的一种延续。与《阿古顿巴》一样，《尘埃落定》中朴拙而单纯的人物，都不同程度地潜伏着一定的文化的深度，在单纯、朴拙与和谐之中表达深邃的意蕴。在土司傻瓜少爷的身上隐藏着作家阿来的灵性，特别是还有许多作家少有的那种佛性，那种非逻辑的、难以凭借科学方法阐释的充满玄机的智慧和思想，在文字里荡漾开来。不经意间，阿来就在文本中留下超越现实的传奇飘逸的踪影和一个家族或者一个历史结构的背影。从文化的视角看，《尘埃落定》这部杰出的长篇小说，无疑为汉语写作大大地增加了民族性的厚度和纵深度。阿来在作品中承载了一种精神，这种精神里面，既有能够体现东方文化传统的智慧者的化境，也有饱含朴拙"痴气"的旺盛、强悍生命力的冲动。这些超越了种种意识形态和道德规约的理念，构成了阿来诚实地面对人类生存基本价值的勇气。所以，《尘埃落定》就像神话那样古老而简洁有力。阿来为我们营造的奇特、陌生、神秘而浪漫的康巴土司世界，让我们在他的文字中，深深地感受到了一个藏族作家出色的想象力，象征、寓言的建构，诗意的氛围，细腻的描述能力和弥漫在字里行间的"富贵"的典雅之气。阿来厚积薄发，凭借自身的定力、创造力和才情，以及不屈的掘进精神，将拉美的魔幻现实主义元素，自觉而超越性地融入汉语言的文本之中，将扑朔迷离的历史的烟尘描绘得栩栩如生。同时，《尘埃落定》还很好地处理了小说形式与精神内核的密切关系，不仅是讲故事的方式，而且包括小说叙事空间的开掘，我们能够意识到，阿来在努力地给我们呈现一个真正属于阿来的独特的世界。当然，这需要小说家具备真正的实力，阿来显然具备这样的实力。这部《尘埃落定》，它问世二十余年来，已经有过许多深入研究和理论阐释，但是，对于这部逼近经典的重要的中国当代文学文本，我们的思考，显然还会有更大的阐释的空间和研究的"空白"。时间是文学的炼金术，我们有充分的理由相信，这部作品所蕴藉的重要的文化价值和文学史意义。

四

如果说《尘埃落定》是阿来选择了一种更契合藏民族历史文化情境和虚构策略的话语方式，创造出的一种既有别于启蒙话语和革命话语，又迥异于后现代话语的叙事情境，试图为我们建立的一个真实存在的文化空间和民族心理空间。那么，距离《尘埃落定》写作十年之久的《空山》，则开启了阿来小说创作的另一个起点。这部主要是在行旅中写就的长篇，倾注了阿来对藏地现实生活的极大热情，可谓是关于生命的韧性、存在的奥义的经典之作。正如阿来在《大地的阶梯》中所谈到的，"我想写出的是令我神往的浪漫过去，与今天正在发生的变化。特别是这片土地上的民族从今天正

在发生的变化得到了什么和失去了什么？"可以说，《空山》向我
们讲述的正是藏民族今天正在发生的变化。它是对一个个生命、一
个村庄、一个族群、一种文化的生成和变异，做出心灵化的诗性呈
现。从卷一《随风飘散》到卷六《空山》，阿来始终沉浸在他对生
命和存在体验的深远境地，竭力地发掘生命与自然原生态的质地，
呈示在一种文化行将消失之际，时代的沧桑巨变，给那些无所适从
的人们带来的悲剧性命运。阿来十分自由、"任性"地进入或者说
营构的这个"机村"，以现在进行时的叙述时态重现这个村落数十
年的生活场景，也极写几代人的旷世苍凉。从表面上看，仿佛为旧
时代吟唱的一曲挽歌，推演的一幕悲剧，实质上却是一种虔诚而庄
重的反省，而且这种反省是全然面向未来、指向未来的，更是超越
了一般性社会意识形态的规约，对存在世界的充满悲悯情怀的坦
然、率性审读。实际上，《空山》所讲述的是一个村庄或是事物存
在和即将消失的故事。但在其中，我们既可以感受到人的生存和人
性的状况，体味到生命沉重的力量、内心的坚韧和羸弱，以及文化
的兴衰，又可以感受到来自村落外部和内部两方面力量的汇集和
冲撞。尤其是，在一个荒诞或者说是多元的年代里，人的梦想、欲
望、变异和虚无的交织、错位。同时，我感到，阿来试图在表现人
类整体的一种存在形态，表达人类在面对世界、面对自然也面对自
己的时候，他的茫然、冲动，甚至乖戾、嚣张、孤独和绝望，以此
揭示深层次的人类的孤独感。而且，从叙述美学的层面讲，阿来在

这部长篇的文本中谋求深厚、典雅和纯净，又不乏沉重，深藏虚构的玄机。情节、细节、人物，缠绕纠结，纵横交织，流溢出不加掩饰的勃勃生气，呼啸而来，绵延而去。文字没有刻意的雕琢，貌似松散、开放、发散性的结构形态，意绪整饬，具有内在的、有机的缜密。阿来的确是想依据恢宏的想象，在性灵的空间建构起另一个世界。

如此说来，机村，既是一个具体的村庄，又是一个巨大的存在的隐喻体。看似他写的是一个村庄，但绝不只是这一个村庄。他写出了这个村庄的贫瘠和荒谬，也写出了这个村庄的智慧和善良，焦虑和孤独，还呈现了这个村庄在遭遇社会政治、近现代文明的浸入时那种惶惑的神情。在这里，阿来将"机村"置于半个多世纪中国社会政治、文化复杂、动荡的变异之中，细腻地描述这个村落几代人的喜怒哀乐、生死歌哭，他们在天灾和人乱中的蒙昧、破坏、滞重、苦难、期冀，甚至绝望。我认为，阿来是在清醒的理性中对抗着一种又一种事物的所谓"本源"、可能性和宿命，他在努力地去探索和发现一种可能的更加文明的秩序，它可能是全新的，但是，也可能是貌似陈旧却极富于活力的"陈年的血迹"。因此，整部小说的叙述节律和基调，都给人一种既单纯、朴素、删繁就简，又沉郁、延宕、激情四溢的感觉。这个虚构的"机村"，可能与更多的人并不存在某种经历、经验方面的渊源，但它却与我们每个人的真实存在相关。那么，在我们尚且无法更加清晰地看到未来时，正是这种具有深厚文化意味的深沉反思，赋予了历史和存在以无限的文化和精神价值，才使文学叙述具有了深刻的意义。我们也由此才能领略这部《空山》的深刻意义。

阿来所讲述的"机村"故事，基本上还都是在对人物存在形态的表现和描述中完成的。恩波、索波、多吉、老魏、格桑旺堆、格拉、桑丹、达瑟、达戈、拉加泽里、李老板、色嫫、驼子，等等，这一系列的人物，或在阶段性的叙事中消遁，或贯穿整部书卷的始终，构成《空山》变幻、叠加的人物谱系。从表面上看，多吉的巫师般的魔力、拉加泽里在新时代的"发迹"，达瑟的读书生活、达戈对爱情的执着，都好似一个个在这个时代极易发生、也随处可见的普通故事，但不同的是，阿来反复地叙述他们在面对困境和沉重时的选择。他经常将达瑟、达戈、拉加泽里等人物悬置于激烈、压抑和撕裂的情境之中，无论是人与人的爱恨情仇，还是世事的日常烦忧，对这些在政治、文化和时代的变动不羁中缺失了存在"主体性"的人们，阿来都尽力地在一种极其自然的状态中展现人性的丰富。因此，这些人物心理层次和"动作"的凸显和叠映，张弛有度，不断地推动小说叙述的机制，成为整部小说的叙述动力之核。这个人物谱系，构成了整部小说的"人脉"和"龙骨"。

无论是人物，还是动物、植物，一个乡村，或一种生灵，缘何存在，缘何消失，缘何发展，这是阿来也是许多人困扰的又不得不反复思考的命题。问题在于，支撑人类存在的究竟是对未来怎样的一个念想和诉求。现在，这个乡村却在没有抵达未来的时候就已经衰弱不堪了。由此构成了人与自然、人与环境，以及人与自身的一种巨大的窘境。那么，在拉加泽里重现高原之湖的绿色梦想和"机村"即将消逝之间，构成了人们无法回避的活生生的现实，而且，这个现实对于人们是异常地尴尬和残酷。非常明显，一方面，在很大程度上，小说极力在消除现代性给当代中国所带来的种种物质的、精神的幻象，同时，也在逐渐淡化政治意识形态对这个曾被神性光环笼罩的庸常、俗世的"机村"世界及其精神困扰；另一方面，"机村"人也应该为人自己在大自然面前的破坏性"狂欢"付出的沉痛代价而悔恨。森林、植被、动物一系列生物链的毁损，将人类拖入一个自欺欺人、混乱不堪的境地。因此，如果说，新石器时代晚期村落遗址发现给人们带来的兴奋，那种被点燃的重现湖水的激情，引发出了"我们从哪里来又将到哪里去"的思索，那么，"机村"人对改变地质面貌和格局、建设大型水电站的隐忧，就体现为人对自然的亲和与依存。"命运造成了生活世界的普遍的不可把握性、偶然性，但人又本能地具有追求稳定性的意愿；自然的力量带来把一切有的存在化为虚无的威胁，但人又内在地具有意志的独立性；死亡规定了时空中一切生命的有限性这一最终本质，而人又有要求超越有限的深层欲求。这种种矛盾纠缠交织，使人生有如一个大谜。"①

　　无疑，人就是在这种焦虑的存在之痛中，抵抗着来自于外在世界，主要是来源于自身的困扰。关键在于，我们终究都无法回避人类自身对存在终极价值的寻找和指证。"认识你自己"这句旷古箴言对人的提示，或许可以从另一个角度或多或少地消解人类自身的轻狂，我们不能不思考我们的来路和去向究竟在哪里。所以，《空山》，正是在那种花瓣式的发散性结构中，他从故乡再度出发，在这个20世纪一个偏僻的边地，再现历史和时代变迁在这个小镇的浓重投影，其间，延续着阿来对存在世界和人性的深度追问，从空旷的、异域的视角，推测和阐释现代人的命运。其实，在整部作品的叙事中，阿来丝毫没有渲染包括政治、宗教在内的各种力量对生活的界定和规约，而是非常自然地将对存在世界的感知、体验诉诸诗的、美学的呈现，尽管阿来深感这个现实世界是如此沉重。后来，这部《空山》再版时被更名为《机村史诗》。我想，这部小说无疑具有宏阔的史诗气象，叙述"机村"的历史，就是赋予神话般机村以新的含义和厚重的价值。"空山"之"空"寓意深远，"史诗"之"诗"令人情感沉郁。一个村庄的史诗，就是一个民族的史诗，它更具有边地和博物志的风采。同时，这部"机村史"还让"国家的声音"和"庶民的声音"相互缠绕，生成一种和谐的复调，构成

---

① 刘小枫：《诗化哲学》，山东文艺出版社1986年版，第164页。

一种大的"家国的人间情怀",并且让这声音随风播散,构成"历史的细语"存留于世间。

五

显然,《空山》所讲述的故事,是一个村庄或是事物存在和行将消失的故事,而《云中记》讲述的却是一个村庄已经消失和消失之后的故事,或者说,它也是讲述一个人或一些人消失之后,另外一个人或一些人如何面对生死以及亡灵的故事。进一步讲,从《尘埃落定》到《空山》,再到这部《云中记》,阿来完成了又一次文学的行旅。而伴随这次行旅的就是悠长和悲怆的"安魂曲"。这支曲子是莫扎特演奏的,也是阿来叙述的。也许,这就像阿来自己所说的:"这是一个小说家的宿命,从一个故事向另一个故事漂泊。"从《空山》到《云中记》,在经历了十余年时间之后的阿来,他对存在世界中历史、现实和自然的理解方式,也就是他审视世界的维度,都发生了相当大的、实质性的改变。这里,既有时代变迁、社会发展、文学表现策略方面的原因,也因为阿来个人认识存在世界和事物的心理、哲学和信仰等因素,在历史转型、岁月更迭中的悄然改变和调整。因此,我们从这部看上去像是追忆、缅怀、叙述"汶川地震"的虚构性文本中,看到了一个新的阿来,看到他是如何在一种新的叙事层面，表现人与世界、人与自然的关系，表现生与死，叩问灵魂、苍生和悲情。这部作品体现出阿来文学写作的新的制高点，甚至，显示出阿来那种独特的、富于宗教感、人间情怀的对于生命、生死、自然、灵魂的形而上表达。这种表达，令阿来在新的思考、新的文本结构中找到了另一条穿越历史、现实、人与自然的途径。

毫不夸张地说，《云中记》的确是一部内涵极其丰厚的作品，是一部真正的深入灵魂之作。它将阿来的写作推到一个新的高度。在此，我们似乎很难仅仅以题材范畴来界定这部小说的性质和品质，更不能仅仅从自然灾难、生存、苦难等悲剧的层面来审视它的独特价值，它更需要我们从人类文化学、民族志学、伦理学、美学，甚至宗教的层面，去面对、探索并解析阿来叙述的秘笈。在这里，阿来通过几乎消失的一个村庄史及一个人的个人史，呈现人类如何面对一场巨大的灾难，呈现人的恐惧和脆弱，也凸显人的自然观和生死观，表达人在死亡面前的真实状态。

在谈论余华的《活着》和《许三观卖血记》的时候，我们认为这是两部关于平等的小说。余华在《许三观卖血记》韩文版序言中，曾援引12世纪非洲北部一首民间的诗："可能吗？我，雅可布-阿尔曼苏尔的一个臣民，会像玫瑰和亚里士多德一样死去？"在余华看来，这就是一首关于平等的诗，一个普通人，一个老实的规矩人，一个羡慕玫瑰和亚里士多德的普通人，他期待着有一天能够和前两者平等，就是在死亡来到的这一天，在他弥留之际，他会幸福地感到玫瑰和亚里士多德曾经和他的此刻一模一样。既然唯有死亡是一件平等的事实，那么，死亡及其死亡之后，人与亡灵又是怎样的关系？这里，实际上不仅是一个存在的问题，也是一个精神、灵魂和生之境界的哲学问题，或许，人只有在平等地面对魂灵时才能获得自我解脱和永生，生之意义和价值才可能彰显。无疑，这部《云中记》就是一部探寻人与人、人与自然、人与亡灵或鬼魂平等的书。不同的是，余华的写作和对于平等的表达，是在对于人的生存的日常状态中发生、完成的，后者则是在灾难突然降临、发生时的状态。我们还看到，在阿来的小说里，这种平等，写出了对整个存在世界的一种敬畏和超越。主人公阿巴所演绎的，绝不仅仅是完成某种仪式，实现个人性的悲壮演绎，而且，凸显出生命最内在的虔诚和敬畏之心。这种敬畏之心，既是对山神、魂灵，也是对一切存在之物的尊重。可以说，这种超越彻底地摆脱了"俗世"的目光和现实的纠缠。阿来从一个"集大成"的文化视角，摆脱掉对世界的"碎片化"的理解方式和惯性呈现路径，它表明了阿来对以往文学叙述策略和格局的重大调整和拓展。

我相信，阿来写这部小说时，一定秉持着他熟读的、在佛教的经典《妙法莲华经》里悟到的众生平等的观念：人与人平等，人与花草树木、虫鱼鸟兽平等，人与鬼魂平等。所谓"一云所雨，一雨所孕"，就是平等的情境，一朵云下面下来的雨，是所有云所孕育的。

从这个维度思考存在世界的合理的、理想的状态，将这部小说带到了一个不俗的境界。而这部小说中，最能体现平等、善良和朴素情怀的，就是小说中的重要人物阿巴，这是当代文学人物画廊里极其罕见的人物形象。阿来着力写出这位原本是"半吊子"的祭师，如何在一场大灾难之后，如何在寻找存在意义的过程中完成一次灵魂的升华。大震过后，生者会怎样面对逝去的一切？"我是云中村的祭师，我要回去敬奉祖先，我要回去照顾鬼魂。我不要任他们在田野里飘来飘去，却找不到一个活人给他们安慰"，"以后我就不跟你们这些活人说话了，我去和死去的人说话"。这里，显示出阿来朴素的自然观，那种"万物有灵且平等"的思想和价值取向。

离开移民村的时候，阿巴对云中村的乡亲们说，他也但愿这个世界上没有鬼魂。但是，他想的是，如果，万一有的话，云中村的鬼魂就真是太可怜了。活人可以移民，鬼魂能移去哪里？阿巴真的反反复复地想过，万一真有鬼魂呢？要是有，那云中村所谓鬼魂就真是太可怜了。作为一个祭师，他本来应该相信有鬼魂的。他说，那么我就必须回去了。你们要在这里好好生活。我要去照顾云中村的鬼魂。

就这样，这位连鬼魂有没有都不能确定的"半吊子"祭师阿巴，回到云中村，回到他出生、成长、生活了许多年的云中村，寻找那些在地震中故去的乡亲的灵魂。他就是要永远地陪伴他们，要以自己孤独的寻找，让那些逝者获得安息。他的祭奠，他的独语，他幻想中率领全村的亡灵越过那道将使云中村随滑坡体一起消失的裂缝，一起走进森林，大家跟在他后面，去祭祀神山。他执着地寻找着鬼魂，"这个鬼魂应该是地震中死去的人中的某一个"。阿巴还想过，要是当真遇到一个真正的鬼魂，自己会不会害怕？他一个人行走在村落的废墟之中，行走在荒芜的田野，在乡亲们曾经生活的每一户门前逡巡、流连，他走过了他想得起来的所有的地方。就是为了遇到一个真正的鬼魂。他每一个白天和夜晚都要在村庄中游走，心中所希望的就是遇见一个真正的鬼魂，但是他依然没有遇见。阿来没有使用魔幻和隐喻的手法，让叙述升华、终止于阿巴与神灵的沟通，但是，阿来想竭力呈现的，是阿巴最终灵魂的自我涅槃。他不断地让阿巴与逝去的亡灵进行神秘的交流，让他数日里在古老的云中村里孤独地巡行，让他永远地与云中村同在，让他感受亡灵的存在。我感觉，阿来在这里还试图写出阿巴在"活佛"与凡俗之间既模糊又清晰的边界，人物的念想以及在转瞬之间呈现出的细微表情和心机，总会被阿来澄澈、率真的目光所照亮，将我们引向一种深刻的邈远。在现实的、历史的烟尘里，在当代这个物质诱惑繁多、渴望文明不断发展的进程中，只有很少数人能够踏上精神和灵魂的转化之路，没有什么比遵循和寻找智慧、善良之路更加迫切和困难，只有持有天空般澄澈、纯净的心性和信念，才可能抵达精神的圣地。阿巴感受着云中村人的温柔情感，当他沉入大地和泥土，涌入江流时，阿巴伴随整个云中村在山体滑坡中最后消失，而他却"像是在上升，像是要飞起来了，他想要的是下去，和云中村所有的一切"，"下去啊，下去啊！这个村子的过去、现在和未来，一起下去，沉入深渊"。阿来在那种沉郁、悲壮和抒情诗般的叙述旋流中，谱就了一支令人安详而震撼的安魂曲。阿来在《云中记》的"题记"中写道："大地震动，只是地理构造，并非与人为敌；大地震动，人民蒙难。因为除了依止于大地，人无处可去。"这的确是无法解决和调和的命意，对于灾难，虽然无可抱怨，无法摆脱，但内心需要解脱，需要抚慰，更需要保持尊严，战胜卑微。对于人类来讲，需要的就是自强不息，需要的就是崇高精神的建立。特别是，阿巴自身的修为和坚韧，也牵扯出人生和存在的许多精神奥义，在生死之间，在阴阳两界，人的灵魂的归属究竟在何方？阿巴让我们体会得更真切、更自如、更诗意，也更寥廓。

阿巴是中国当代文学人物形象中少有的殉道者，他是神圣使命和灵魂承载者的化身。阿巴最后满怀执念的殉道，仿佛是一场大彻大悟般的终结，在这场漫长的寻找中，他真正完成了一个形而上的、并不虚妄的灵魂祭奠和招魂。阿来没有将阿巴的身份、理念、信念归之于任何教派，阿巴只是一位来自苯教的祭师，是政府正式授予非物质文化遗产的传承人，正是这样一位有着合法性的传承人，在内心强大的善良、良知、救赎、宽容、大爱的感召下，包容了一切苦难造成的恐惧、焦虑和绝望。我感到，阿来在小说结尾处，写到阿巴与山体、村庄化作一处做最后的殉道时，他深情的闸水，一定是在被阻拦到极高的限度时，才让它倾泻而下。一个优秀的作家都懂得控制他们的深情，因为流露得越容易，就会使美好、深沉的情愫变得轻浮。《云中记》在一种单纯、清丽又厚实、忧郁的叙述中，差不多是完美地体现了文学叙述浩瀚的品质，它让我们体验到美好灵魂和生命及内心宽广的无边无际。那些不平凡的细节，构成了这种浩瀚的核心。特别是，阿来将叙述的抒情性，彻底隐逸在小说叙述的语言和细部，更加显示出叙述的节制、从容和高贵气度。

回望阿来几十年写作的足迹，我们能够感受到阿来的文本与故事发生地的神秘联系。记得阿来在写长篇小说《格萨尔王》之前，曾沿着格萨尔生活、征战的足迹寻访格萨尔的故乡。他在金沙江拜访兵器部落后前往河坡乡时，听到过一个关于格萨尔曾经途经此地的传说，精心研读过大量相关史料的阿来，询问遇到的一位长者，质疑格萨尔征服霍尔回来不可能经过这个地方，因为霍尔在北方，岭国的王城也在北方，而这里差不多是南方的边界。老者不说话，看着阿来，直到离开他民间知识视野所覆盖的地盘，与阿来即将分手的时候，这位长者才开口说："为什么非要故事就发生在真正发生的地方？"是的，那些传说、历史和讲述故事的时间与空间，甚至可能都已经发生了实质性的位移，呈现出不确定性，那么，故事发生的时空，也就可以在叙述中发生转换，这似乎没有什么问题，是虚构的常识。关键是，为什么要转换？如何才能转换？作家叙述的激情和文本中蕴藉的力量，究竟源自何处呢？究竟是什么力量可以影响叙述时间和空间的改变？

我觉得，那位长者的这句话，一定是对作家阿来产生了很大的启发，这也可能会对所有擅长虚构的小说家有一定的影响，甚至，它可能对我们的阅读、批评产生深刻的触动，它很容易让我们进入对虚构和所谓"非虚构"做本质性的思考。这里，我们还必须提及阿来另外两部重要的作品《格萨尔王》和《瞻对》的写作。或许可以说，这是阿来在《空山》之后所做出的两次自我盘整。前者是英国出版机构在全球范围寻找优秀作家来重述自己民族的神话故事，在中国选择了苏童、阿来和叶兆言。这个"命题作文"性质的"重述神话"，虽然不是纯粹的"非虚构"，但是，阿来以现代人的视角、现代艺术创造精神，通过重述《格萨尔王》这个世界上最古老、最浩大的神话史诗，演绎、阐释出自己所理解的格萨尔王英雄的人格和命运；阿来在文本中还描述了格萨尔的说唱艺人，写他们各自内心不同的格萨尔王，阿来着意凸显出他们心中格萨尔王的神性，使之与阿来自己理解的格萨尔王形成呼应及其对话关系。我总觉得阿来这次"重述神话"的写作，是向自己藏民族的先祖、历史和文化之根的致敬和皈依。对于《瞻对：一个两百年的康巴传奇》的写作，阿来坦言曾经想将其写成一部虚构的小说文本，但"历史上真实发生过的种种事情已经非常精彩了"，于是，阿来遏制住自己强烈的虚构欲望，将康巴藏区自清初到民国直至新中国成立，几百年间彪悍的康巴人与中央政府和地方政权之间的复杂的、难解的矛盾关系表达得条分缕析，淋漓尽致。阿来坦诚表达了"这本书不是在写历史，而是在写现实"的内在写作动机。从《格萨尔王》到《瞻对》，阿来仿佛完成了一次历史性的"穿越"，与以往的写作相近的是，这次穿越依然在阿来写作行旅的"大地的阶梯"之上，成为历史的余韵和回响。

其实，这涉及作家处理生活、现实与虚构之间的关系。生活本身是否都需要重构？唯此，才可能实现作家的创作意图吗？许多时候，生活本身的力量和意义，也许就大于虚构，大于写作者的意识、精神范畴。我想，一个作家所选择的叙述背景，一定是宿命般的不得已，或者必须，它是一种依托，是那种作家与一块土地血肉相连的情感维系。最典型的是福克纳，他选择"一个邮票大小的地方"作为写作背景，使他名满天下。这种现象在中国作家里似乎更普遍，莫言的"高密东北乡"，苏童的"枫杨树乡村"和"香椿树街"，贾平凹的"商州"，阿来的"机村"，阎连科的"耙耧山脉"。这些，已经成为他们各自创造的文学世界的"地标"式寄寓，是他们每个人赖以进行叙述的"风水宝地"，同时，这些文学的地标，也支撑起一个作家的写作地貌和创作的格局。如此，我想，他们的写作，就必须选择一个类似精神原乡似的所在吗？难道这既是他们写作的出发地，也是他们的"回返地"吗？接下来，就是阿来遇到的那位老者的诘问：为什么非要故事发生在真正发生的地方？也许，写作就是一个思乡之梦、还乡之梦？难道故乡真的是梦吗？梦可以从这里开始，也可以从这里结束，更可以从这里延伸开去。所以，现在我们应该想清楚了，为什么许多作家的故事偏偏都"发生"在故乡，或者，类似故乡的一个永恒般的精神性所在。故乡作为精神、情感之根，或者，它早已成为一个作家审美判断的出发点，甚至，成为他诠释现实生活和存在，确立自己文学叙事伦理的关键所在。

我们注意到，从《尘埃落定》到《空山》，到中篇小说"山珍三部曲"，再到这部《云中记》，阿来一次次写到自然中人和事物的消失，而且都分别写出了这种消失的必然性。在阿来看来，写作就是要反映一个个时代的社会、人文、精神、自然、生态和人性状况，而从历史上看，每一个时代都是要不断地消灭一些东西，人之所以为人，就是不断地发现，不断地进步，不断地抛弃陈旧的东西。阿来的可贵就在于，他能够在一种事物行将逝去的时候，不是简单地表现他们的悲怆、悲情和挽歌式的怅惘、伤痛，而是在淡淡的忧伤中渗透着巨大的抒情性和坚韧的、生命本身的力量。在阿来的文字中，看不到任何焦虑和放纵，所以，生活、存在世界在他的笔下也就没有过多的纠结和繁冗。如前所言，文学叙述的形态飘逸、轻盈，结构扎实，字里行间，干净、自然、细致。而且，生活和生命的形态，也就会超越抽象的概念的规约，没有肆意的轻狂和造作。这样不轻佻、不婉转、不逼仄的文字，更容易产生高度诗意化的语境，令人产生无尽缅想，体现出阿来作为作家的坚实的精神现象学。其实，诗人出身的阿来，贯穿于他文本和写作的内在驱动力，始终是强大的历史、现实情怀，是诗学动机和精神力量，这就使得他在历史、现实、时间和空间的维度上，沉郁的、诗性的叙述动静相宜，开阖有度，张力和自由度舒展自如，展示着无羁和奔放；即使是隐喻、寓言、梦幻、情境，也都在阿来朴素、自在的"语世界""内宇宙"中形成浩渺的"外宇宙"，生成文字的"理想国"。

我们相信，阿来永远会行走在去往马尔康的路上，那绝不仅仅是一条"归乡之路"，而是他写作的"出发地"和"回返地"。在途中，他还将发现一座又一座"奔马似的白色群山"，发现"空山"和"蘑菇圈"，发现"云中村"的生死记忆，因为，他清楚小说家的宿命，就是从一个故事向另一个故事漂泊。而他的想象和虚构，都是自己用脚步丈量出来的，真真切切，自然从容。他的咏叹，是站在大地之上的咏叹。还有，他对语言热爱、虔诚、敬畏和自律，如同"暖目的雨"，所谓炼字不苟，其美在骨；句法严谨，其美在貌，这一点正合阿来的叙述之意，可见阿来叙事的字词之力，绝非朝夕之功。无疑，这些都是一个真正诗人的本色。阿来是一位真正的诗人，我喜欢阿来作为一位诗人的写作。

抵达经典的一种可能

——阿来创作论

一

第一眼看到阿来的《成都物候记》，就被这本书发散出的清新气息所吸引。封面以青绿为底色，上面点缀着稀疏相间、透着森林绿色的花朵，灵动而富有生气。翻开书页，文字间穿插着一幅幅各类花卉的彩图，蜡梅、桃花、玉兰、紫荆、樱花、含笑、鸢尾、女贞、桂花、芙蓉……都是阿来拍的，多是特写，扑面而来，仿佛暗香浮动，驱散了窗外的朔风，让我提前感受到了"乱花渐欲迷人眼"的春意。阿来依照大自然物候的更迭，书写了成都常见的花木。除了对这些花木生长习性、特征的描述，还用古诗词为她们做了优雅的"注释"。其实，更多的是，阿来书写了观察、体悟这些花木的赏心悦目之感。书中照片里花蕊中的寒露、花苞上的细茸，以及光影摇曳下花色变化纷呈的光谱，言说的都不只是摄影技术与审美情趣，还有阿来对植物花木的用心与热爱。

迟子建曾在她的一篇小文里提到："阿来与花，是否有着前世的姻缘？至少，我没见过像他那么痴迷于花的男子！我与他多次同行参加中外文学交流活动，无论是在新疆、黑龙江，还是在俄罗斯、意大利或是阿根廷，当一行人热热闹闹地在风景名胜前留影时，阿来却是独自走向别处，将镜头聚焦在花朵上。花儿在阳光和风中千姿百态，赏花和拍花的阿来，也是千姿百态。这时的花儿成了隐秘的河流，而阿来是自由的鱼儿。印象最深的是他屈膝拍花的姿态，就像是向花儿求爱。"[1]看来，阿来对花的痴迷已经到了一种无以复加的境地，似乎只能用"前世姻缘"来解释了。

阿来的文字我读过不少：《尘埃落定》《空山》《格萨尔王》……无一不是史诗性的宏大叙事，恢宏而令人回肠荡气，绝无零星半点花语醉侬的浅淡轻柔与绵邈软媚。我想，能够写出如此慷慨悲凉文字的阿来，怎么会如此醉心于柔弱的花草？甚至连花瓣上的一滴露珠都捕捉于心呢？想必自然界轻灵的花语与阿来笔下一个个厚重的文学世界之间，一定有着某种隐秘的勾连，或许，正是这些花语才赋予了阿来不竭的创作灵感？

阿来在一次访谈中提到，由于自己从小在藏区长大，儿时便远离人群，却贴近自然：雪山、草地、河流、湖泊、鲜花、树木……形成了他对大自然特殊的亲近和热爱。我想，阿来对大自然的这种

---

[1]　迟子建：《阿来的如花世界》，载《中华读书报》，2011-11-9。

特殊热爱，一方面源自雪域高原奇绝壮阔的自然景观，另一方面，也是藏传佛教的深厚影响。藏传佛教的理论认为，世界万物是由地、水、火、风、空、识等六大合成；这六大，也是"法身六大"佛的真身。这种思想与当地苯教和古老的信仰融合，将雪域高原的一切山石、水土、各种动植物等都看作是佛性的显现或体现。这片"被圣山环绕的雪域"就是佛菩萨"广行净化"的人间道场。这种万物普圣的自然观和生命观，以宗教的力量化导着藏民族的人格心理、价值取向和审美取向。因此，在阿来眼中，自然界的生命是神圣的，通透着宇宙的精华和灵气，在悸动中与人的精神息息相连。"人与自然之间最真实的关系是一种内在的精神关系，是人与自然深处的一种带有奥秘色彩的关系，是一种精神和灵魂的感应关系。"[①]我想，阿来正是要在借助大自然中神秘与未知的力量，重新激发人们曾经失去的想象和敬畏，使人们所渴望的舒展和纯粹的生活状态能在自然的本真与原初中得以唤醒。这在很大程度上，使阿来的写作浸染了浓郁的宗教情怀。他以圣洁的目光注视着万物生灵，即使那些最普通、最寻常的花儿，他也会用心去展现被我们坦然忽略的美，去探求包裹在其中的神的灵魂和秘密。我想，这种灵性的世界观和审美取向，已然化为藏民族传承与他的血缘基因，让他在吸纳和排除外部的美学扰动之后，获取了属于自己的最独特的

---

① 丁来先：《自然美的审美人类学研究》，广西师范大学出版社2005年版，第288页。

叙事起点。

　　阅读阿来的文本，总是让我感受到其间逸动的灵气，它们热烈地萦绕着，生发出某种无法抵御的力量。他的叙事充盈着不可解释的宿命感和神秘感，在寓言式的情节中酝酿着精神的回归与宗教的皈依；一个个通灵人的身影，带着巫者特有的气息，奋力抵御时间的侵蚀，向我们宣告来自天国的威力；梦幻的营造则超越了我们的日常经验，具有了传奇的特性；还有自始至终流动着童稚，犹如乌托邦的诗篇，令家族叙事散发出令人喜悦的童话气息……所有这些，都诉说着一种灵性话语，可以说，阿来在神性和人性的中间地带，建构起了一个灵性主体。灵性，在一定程度上，成为阿来叙事的精神前提。无论《尘埃落定》《空山》《格萨尔王》，还是从这些鸿篇巨制中剥落下来的中短篇，我们往往能够捕捉到一些人与神之间的信使，即所谓的"巫灵"。他们搭起了佛国与尘世之间的通道，同时也建构起了阿来文本内在而持久的灵性。《尘埃落定》中门巴喇嘛神秘而又应验的占卜让人称奇，麦其土司"一旦有了不好的预感，立即请来喇嘛打卦"。不仅如此，门巴喇嘛还有着治疗邪病的神奇能力。傻子少爷的眼睛无故红肿起来，门巴喇嘛点燃柏枝和草药，请来药王菩萨像，不一会儿，傻子"看见夜空中星星一样的光芒。光是从水中升起的气泡上放射出来的。再看就看到碗底下躺着些饱满的麦粒。麦子从芽口上吐出一个又一个亮晶晶的水泡。看了一会儿，我感到眼睛清凉多了"。其实，这些"巫灵"让我们看到的不仅仅是来自天国的灵异之光，更多的是在寻求一种含蓄的信仰表达，让文本摇曳出诗性的光亮。在此，人性与神性构成了一种对话关系，以神的视点静观人，抑或以人的观点远望神，并试图在两者之间寻找勾连的"天梯"，这显然为叙述制造了一种互为镜像以及互文的效应。这些"巫灵"因抗拒神性而获得人性，又因这深藏于人性中的神性，而变得光芒四射起来。《天火》中的巫师多吉，执拗地用神秘的法术弥合天人之间的界限。"平常，他也只是机村一个卑微的农人"，但当机村放牧的草坡因为疯长的灌木已经荒芜，他却像一个"英武的将军"，呼唤着火之神和风之神的名字，这时，"他佝偻的腰背绷紧了，身材显得孔武有力。他浑浊的眼睛放射出灼人的光芒，虬曲的胡须也像荆刺一样怒张开来"。在此，多吉不但让我们感受到自天国的神力，还有忘我、虔诚、执着以及勇气共同编织出的人格力量。人性与神性之间似乎存在着某种默契，神性中所有的崇高都已然化作人性永恒的追求，并通过灵性得以生动的呈现。

我注意到，在阿来充盈着灵性的文学世界里，除了独具人格魅力的"巫灵"之外，还有散发着童稚式天真气质的"童灵"，他们游走在字里行间，使文本获得了更为灵动的美学品质。《随风飘散》中的格拉作为一个私生子，受到整个机村人的鄙视和厌恶，但他能够以远远超出自己年龄的隐忍去面对。即使自己被流言所杀，也浑然不觉，他的魂魄与小鹿做朋友，让小鹿舔他的脸和手，享受

"那种幸福一般的暖流，从头到脚，把他贯穿"。他从不嫌弃自己疯癫的母亲，尽心尽力地照顾她，让她发出"格格"的笑声，像一个混沌未开的孩子。虽然兔子的死与他毫无关联，但他却会感到莫名的愧疚，直到恩波有了新的孩子，忘却了所有的仇恨，他才完全地释然，魂魄随风飘散。可以说，格拉以他无邪的天真和宽容击溃了所有的丑恶和仇恨。同样，《尘埃落定》中的傻子少爷，也保持着一颗没有泯灭的童心。李贽曾说：童心即一念之本心，绝假纯真，如同孩子的心灵一般纯洁。傻子少爷的"傻"实际上是与"理性"相对立的"灵性"的存在方式。作为理性社会里的一个傻瓜，傻子少爷却秉承了自然的灵性。他能用超越于世俗视野中的灵智洞察身边的每一个人和发生在身边的每一件事。他先知般地察觉到父亲与情人在罂粟花丛中偷情；知道"麦子有着比枪炮还大的威力"；并成为"在有土司以来的历史上，第一个把御敌的堡垒变成市场的人"。"傻"实则是"一念之本真"，这却反而使他进入了"大智若愚"的境界。"我知道自己什么时候应该显出是世界上最聪明的人，叫小瞧我的人大吃一惊。可是当他们害怕了，要把我当成一个聪明人对待的时候，我的行为就像一个傻子"。我想，这种充满灵性的童真让阿来的文本透出独特的美学品质。正是这些"比白纸还要纯洁的灵魂"，表达了一种"憨厚、善良、忠诚和人的软弱的力量，这也是来自内心和来自深远的历史的力量"①，构筑了雪域高原悸动的灵魂，捍卫起这种历史悠远的童真。

阿来小说中的灵性叙事赋予了人物别样的生命景观和生命形式，是宿命的、飘动的，也是禅意的、诗性的，种种必然与偶然，有限与无限，平凡与奇迹都给予我们独特的审美体验。布鲁姆在《西方正典》中提到："一部文学作品能够赢得经典地位的原创性标志是某种陌生性，这种特性要么不可能完全被我们同化，要么有可能成为一种既定的习性而使我们熟视无睹。"②在我的理解中，布鲁姆认为跻身经典的一种可能，就是要为美感增添某种疏异性，这种疏异性带有异质文化的元素，从而引发陌生化的效应，唤起读者对于文本最自然、最强烈的审美情感和审美想象。从这个视角审视，阿来的灵性叙事显然具备了这样的可能性。他的创作始终保持着自身的独特性，而这种独特性又是与他的民族性无法分开的。阿来叙事中的灵性带有鲜明的民族色彩，是藏民族文化的精神投射。阿来称自己是一个"穿行于异质文化间""用汉语写作的藏族人"。③他生在藏区，在那里生活了三十多年，藏民族千百年来所积淀的本土意识、宗教和风俗都天然地融化在他的血液里，形成一

---

① 张学昕：《穿越叙述的窄门》，复旦大学出版社2013年版，第84页。

② [美]哈罗德·布鲁姆：《西方正典——伟大作家和不朽作品》，江宁康译，译林出版社2011年版，第4页。

③ 阿来：《就这样日益丰盈》，解放军文艺出版社2000年版，第289页。

种与生俱来的气味和印记。雪域高原不仅是他成长和记忆的故乡，同时也是他创作题材和灵感的来源，是他的出发地，也是他精神的回返地。阿来小说中的灵性，让我们明显感受到藏传佛教的动人魅力，把我们带向佛教超验的高度，在超越世俗的精神向度中，回归遥远而神圣的生命观照领域。

阿来在谈到自己写作的问题时，曾说："我的困境就是用汉语来写汉语尚未获得经验表达的青藏高原的藏人的生活。"[1]在我看来，这一困境恰恰给予了阿来一次在汉语文学中更新对人生、事物和世界固有观念的机会，阿来将藏民族文化中的审美习性和因子，用汉语写作做了"不可能完全同化"的审美表达，他要让"这种异质文化的东西，日积月累，也就成为汉语的一种审美经验，被复制，被传播。这样，在悄无声息之中，汉语的感受功能，汉语经验性的表达就得到了扩展"[2]。同时，也自然抵达了作为"原创性标志"的"陌生性"。他的"汉语写作表达出的却是浓浓的藏族人的意绪情味，能给人以独特的美感享受"[3]。在他的文本中构建出一个"异质同构"的审美语境。

---

① 阿来：《我只感到世界扑面而来》，载《当代作家评论》，2009年第1期，第22-28页。

② 阿来：《汉语：多元文化共建的公共语言》，载《青海日报》，2009-07-10。

③ 1997年《小说选刊》奖评选会评委发言摘登，载《小说选刊》1998年第7期，第23页。

二

　　阿来小说的灵性叙事获得了一种他人无法习得的审美原创性。这种原创性源自藏民族文化、经验、记忆、历史、风俗和梦想，以及跟汉族、"汉性"和汉学的剥离和融合，这些共同制造了灵性的内部结构，并成为支撑阿来创作的轴心。同时，这种原创性也表现在文本的形式上。阿来以其独特的叙事策略，与文本的内容构成适度的张力，从而使内容与形式在辩证运动中达到了一种完美的平衡。

　　阅读阿来小说，我们首先感受到的是其语言传达出的独特魅力，他在纯粹的汉语表述背后总是隐藏着藏民族的审美习性和思维特点，两者在错位、移植和并置中摇曳出别样的美感。"我心里很深的地方，很厉害地动了一下。""当亲爱的父亲问我爱是什么时，我答道：'就是骨头里满是泡泡。'""寨子里住的人家叫作'科巴'。这几十户人家是一种'骨头'，一种'辖日'。"这样的语言表达方式，"力图使汉语回到天真，使动词直指动作，名词直指事物，形容词直指状态"。[1]显然，阿来在语言的能指与所指之间建立起了自己的语义场，达到了具有藏族特点的独特的汉语使用效果，在藏族文化与汉语叙事之间获得深层次的张力。可以说，

---

① 李敬泽：《为万物重新命名》，载《中华读书报》，1998-02-25。

阿来拥有着将人类意识、民族文化与汉语叙事深层熔铸的能力，他通过纯粹的汉语表达散发出一种深刻的"藏性"气质，让我们听到了西藏的灵魂的悸动。

> 母亲吃完了，一副心满意足的样子，猫一样用舌头舔着嘴唇。女人无意中做出猫的动作，是非常不好的。所以土司太太这样做叫我非常害怕。

藏民族有忌食鼠肉的习俗，阿来就用二少爷对母亲大嚼鼠肉的反感来隐喻他对母亲吸食鸦片的厌恶之情，同时，也以鼠肉影射对外来文化的抵触和恐惧。正是这种汉语叙述的对话和潜对话的巧妙应用，摆脱了语言实指意义的束缚，读者经由汉语又逾越了汉语，读者的注意力被引入到了语言之外作者广博的胸襟和作者母语文化和信仰内涵的精髓。让我们在熟悉的汉语中品味出令人心悦的惊奇感和新鲜感。

实际上，在阿来的写作中，这种惊奇感以及由此生发的陌生性自始至终贯穿在他整体性的叙事策略中。受藏民族口传文学的影响，阿来的创作带有鲜明的跨文体特点。民间传说、民歌、创世神话穿插在文本中，在神话的、逻辑的、诗性的、历史的、政治的、文化的种种交织、冲突、融合的"共同体"中，他常常信步跨出文体论的疆界，完成一种别样的叙事。

土司官寨经堂里的画告诉所有的麦其，我们家是从风与大鹏鸟的巨卵来的。

传说雪域大地上第一个王，从天上降下来时，就是这样让人直接用肩抬到王位上去的。

我在远处看麦其家的官寨，有些倾斜，基础上的石头有些腐烂了。此时，我想起智者阿古登巴的故事。石墙似乎也向我压过来，但我没有像僧人扶旗杆那样去扶它，最后，平安无事。

阿弥陀佛从喉头发出了一道光，这道光能把一切语言的能量化成一朵红莲，如果谁承受了这道光，就得到了人间对六十种音律的使用权。

这些未经考证的历史文献、宗教经文、民间传说和其他文化史材料，被阿来创造性地赋予了叙事性，借此把历史、宗教、经书、传说的品格引入小说，使小说形式拥有了文化上的新型特性。这在一定程度上是对历史文献和民间传说的戏仿，而这种戏仿式的叙述，使小说获得了更为自由的叙述空间，让小说家得以突破狭窄的个人经验的范围和纯粹个人经验的模式，能够在人类历史层面、在文化层面说话。而赋予这些真实的或虚构的历史文献以叙事的品格，并把包含在这些历史文献、宗教经文、民间传说中的历史生活时间、置身于其中的个人生活时间和具有传奇性的个人经历发掘出来，由此把人类生活的集体经验、集体想象、集体梦幻重新引入小说叙事，使汉语叙事获得了奇妙而迷人的魅力。

在阿来的文本中，我们看到，这种对藏民族民间口传文学的"取样"，其实已经内化成他一种自觉的叙事追求。这一点，我们在"重述神话"《格萨尔王》中得以印证。作为"重述神话"系列中的一部，《格萨尔王》选择了与前几部全然不同的写作路径。无论是苏童的《碧奴》、叶兆言的《后羿》，还是李锐的《人间》，他们的"重述"都是对原型神话的彻底颠覆，在相对的"解构"中完成了新叙事话语的建立。这在一定意义上，更符合"重述"所要求的赋予神话全新意义的初衷和原旨。然而，阿来偏偏另辟蹊径，选择了一种令人惊异的全然承继，《格萨尔王》完全采纳了民间史诗《格萨尔王传》的叙事模式——一种我国少数民族史诗叙事的基本模式，这在《玛纳斯》《江格尔》等大型史诗中我们都能够看到其清晰的印记：英雄有着非同凡响的出生；苦难的童年；从小便失去父亲的庇护；成长过程惊人地迅速；英雄周围总是被美女所环绕，但英雄总有一个挚爱的女人；英雄的结局是功成身退。与此相对应，《格萨尔王》中，作为天降的神子，格萨尔王觉如在降生时带有强烈的灵异色彩："这个儿子生下地来，就跟三岁的孩子一般身量。这是冬天，天空中却响起了雷声，降下了花雨。百姓们看见彩云围绕在她生产的帐房。"觉如的童年经历了磨难的历练。因为变化多端的妖魔们无法被人们的肉眼凡胎所识别，于是，觉如的杀戮就成了滥杀无辜。幼小的觉如被误解、质疑、唾骂，最终被放逐，在屈辱中与母亲远走他乡。而觉如又是一个从小失去父爱的孩子。人间的代父森伦没有庇护他的能力。而这仿佛也是英雄命中的注定。他卓越的能力使他无须父爱的滋养也能够顶天立地，从这个角度来看，英雄父亲的归隐也就成了一种必然，似乎只有这样才能更加凸现英雄头上的光环。虽然没有父爱，但觉如的成长依然是惊人的。他刚出生就有三岁孩子一样的身量；刚满五岁，身量已经二十相当；十二岁赛马得胜，获"格萨尔王"称号，并由此获得了部族中最美丽的女孩珠牡的芳心。聪慧善良的珠牡成为日后格萨尔王最宠爱的王后，陪伴着格萨尔王征战南北。在文本的尾声中，阿来同样依循了民间史诗的结局，让格萨尔王在完成降魔除怪的历史使命后，回归天庭。

　　我想，阿来这种对民间史诗模式的承继，注定是一次勇敢的冒险。因为将民间史诗叙事模式应用于小说，是一种文体转换的尝试，稍有疏忽，不仅难以创新，而且还有可能成为束缚叙事的"镣铐"。显然，这一次阿来获得了成功。我们不仅在史诗般的叙事模式中，体味到藏族文学的独特魅力，同时，这一叙事模式的转换更加完美地传达出神话原型所承载的藏民族的精神意志以及藏传佛教的投射隐喻。阿来的重述将时间定格，将过去的英雄召唤到现在，而这种召唤的现实意义，无疑增强了今天藏民族的群体认同。作为一个带有鲜明宗教色彩的隐喻形象，格萨尔王征战南北的一生演绎了藏传佛教的转化和发展历程。作为一个神话英雄的理想范本,格萨尔王把我们带向了佛教超验的高度,让我们看到了奉献、牺牲、自由与永恒。这些超越世俗的精神追求,赋予我们克服人性弱点的勇气,成为一个人格完整的个体。

当然,阿来在承继民间史诗叙事模式的同时,也并非墨守成规,而是在承继之中孕育着创新。他将叙事分成两条线索,一条是格萨尔王的史诗叙事,另一条则由说书艺人晋美来贯穿。这样的双重视角叙述,不仅仅让读者可以直观藏族的文化历史,同时也真实地体会到藏民族说书人所带来的历史印记。据说,史诗在流传中,那些被称为"仲肯"的说书艺人,是通过"神授"或者"托梦"获得诗句的。他们往往因为梦中见到格萨尔王或者他的大将,受命传播格萨尔王的功绩。他们从梦中醒来就能够说唱这部长篇史诗了。这种靠梦来完成的人与神之间的沟通,本身就是一种神秘而瑰奇的叙说。可以说,阿来将晋美的插入,在叙述上给读者营造了一个巨大的时空感,读者在古今之间来回穿梭,从而构筑了古典史诗和现代小说之间的一个寓言,将现实世界的真实图景与佛教普遍而永恒的价值体系天衣无缝地结合在一起。小说所涉及的人物原型及其情节的神话性和宗教性都具有强烈的史诗品质,这些神话和史诗中的人物和事件一直被延伸到我们当下的日常生活里,由此,神话和史诗性事件通过小说叙述变成一个今天的"问题",使小说虚构叙事与现实真实之间恢复了必要的张力。

不难看出，阿来文本的艺术形式、结构、技巧、修辞等因素唤起了我们对于文本最自然和最新鲜的审美情感、审美想象。阿来赋予汉语写作以一种动人的力量。这是极富原创性的，而这种原创性显然建立在其民族文化和民族思维的基础之上。阿来在异质文化的穿越中，带给我们熟悉的汉语叙述审美的疏异性。当然，阿来写作的这种陌生化及其所产生的间离效果，并不仅仅停留在文本形式上，它还深化为表现生活、思考人生的一种精神形式。阿来的创作深受藏传佛教文化影响，这使得他在自觉与不自觉中，将藏传佛教文化因子内化于其创作理念之中，使他的创作具有神话和史诗的精神品格。史诗世界的两元对立，英雄和恶魔或善恶二元论的"语义"结构，支配着史诗事件的结构。善与恶的对立冲突、英雄对恶魔的胜利，一开始就在二元论的语义结构中体现出来，其情节也就受到这个语义结构的支持。这一点不仅鲜明地呈现在英雄史诗《格萨尔王》中，而且像《空山》这样的现实主义叙事也以此作为叙事的前提。当外部世界还未渗入机村内部的时候，机村是一个充盈着复杂人性的正常世界。虽然也存在着冷漠、残酷和丑恶，但同时也有着宽容、怜悯和悔恨。我们看到，机村人一旦意识到他们对格拉母子的误解，他们便能"把腰深深地弯下去"，向格拉母子鞠躬道歉；能够像过节一样欢天喜地迎接这对母子的归来。然而，当这个封闭的世界强行被外力推开，机村的世界失去了平衡，失去了过渡地带。爱与恨这种相互对立的极端情感便犹如一把利斧，将机村劈成两个一分为二的世界：善与恶、好与坏、高尚与卑微、先进与落后……相互对立，水火不容。可以说，阿来的机村在很大程度上承继了二元论的语义结构和世界图景，虽然这个二元论世界变成世俗化的，可仍然具备二元论的语义构成。我想，当价值的多重性、多元论、相对主义和叙事的复调结构早已成为现代小说家们所采用的基本叙事策略，阿来却选择了一种朴拙的回归。他以二元论的语义去"表现被再现的现实"①真实地再现了那个疯狂的年代，同时，也赋予了文本独特的史诗品格。正如卢卡契所希望的那样：文学叙事作为现实的反映，作为批判，并最终作为一种与现实"互文性"的"史诗力量"而发生作用。

三

就阿来的创作而言，无论是叙事对象还是叙事手法，的确都让我们享受到"陌生性"的审美体验。这种"陌生性"是生长在藏民族土壤上的一朵奇葩。可以说，正是藏民族文化中的异质元素才生发出对我们而言不可能完全同化的"陌生性"。那么，这是否意味着，少数民族的创作更易于生成审美"陌生性"？是否只要在文本

---

① 耿占春、柴焰：《失去原貌的传记——现代小说演变的理论描述》，载《郑州大学学报（哲学社会科学版）》，2002年第4期，第76–81页。

中融入某种异质文化的东西，便更易于抵达经典呢？布鲁姆再三重申"陌生性"时曾说道："作家及作品成为经典的原因何在？答案常常在于陌生性，这是一种无法同化的原创性，或是一种我们完全认同而不再视为异端的原创性。"①显然，既然这种"原创性"是"我们完全认同而不再视为异端"，那它必定是建立在普遍性和普世性基础之上的，能够使读者对熟悉的经验产生陌生感。它绝非孤芳自赏的幽闭，也完全不同于世俗化的猎奇。审美"陌生性"指的是经典意义和形式的经营立足创新，是对本民族文学传统实施改造和突破，在表现方式上类似基因突变。这样的文学作品能够把我们带入一个异质的、更宽广的精神世界，是思维空间和视野得到扩展后的震惊和愉悦。让我们在熟悉中发现陌生、惊异，在痛苦中产生精神愉悦和思想自由，是一个崇高的文学标准。陌生性不是目的，而是消除间隔达到对事物普遍性更深刻了解的一种手段。正如阿来所说："特别的题材，特别的视角，特别的手法，都不是为了特别而特别……而是在写作过程中，努力追求一种普遍的意义，追求一点寓言般的效果。"②正因为如此，他要从藏地出发，走向整个世界。以"陌生性"的奇异美感去追求一种普世性的价值和人文关

---

① [美]哈罗德·布鲁姆：《西方正典——伟大作家和不朽作品》，江宁康译，译林出版社2011年版，第2页。

② 徐其超：《从特殊走向普遍的跨族别写作抑或既重视写实又摆脱写实的创作形态——〈尘埃落定〉艺术创新探究》，载《西南民族学院学报》（哲学社会科学版），2003年第3期，第1–15页。

怀，从而在他的文本中构建一个"异质同构"的审美语境。

　　阿来是一个具有强烈民族身份认同感的作家，对自己民族的眷恋与生俱来。然而，这种眷恋并没有导致狭隘的民族主义。他将藏民族的文化和思维方式融入到汉语写作中，越过了民族意识的羁绊，走进了更为宏阔的人类文化视阈。阿来小说的创作几乎都以藏地为题材。从"家马与野马刚刚分开"的格萨尔王时代，到经历了现代性洗礼的土司王朝，再到那个似乎已经近在咫尺的"机村"，在神话与现实之间，阿来让我们真正读懂了"西藏人的眼神"。同时，我们也在阿来的目光中，体味到了浓郁的"西藏情结"。阿来讲述西藏人的故事，但他所关注的并不仅仅是"西藏怎么了？""西藏人怎么了？"，他想要抵达的终极问题是"人类怎么了？"。

　　创作于1986年的《阿古顿巴》，标志着"阿来最初的小说观念的形成和成熟"[1]。阿古顿巴是藏族民间传说中的传奇人物。在文本中，阿来将其塑造成一个能够用聪明人始料不及的最简单方法破解一切难题的智者形象，并赋予了这个人物喜剧的气质和坦然面对死亡的英雄品格。作品中呈现了佛性、神性与民间因子。阿来带着一种寻根的意识去挖掘藏民族深层民族心理和文化积淀。他要"告诉大家一个真实的西藏，要让大家对西藏的理解不只停留在雪山、

───────────

① 　张学昕：《朴拙的诗意》，载《当代作家评论》，2009年第1期，第40–45页。

高原和布达拉宫，还要能读懂西藏人的眼神"。①阿古顿巴作为藏民族的传奇人物，他是藏民族民间文化的投影，承载着民族文化的原型品质。荣格说："一种原型的力量，无论是采取直接体验的形式还是通过叙述语言表达出来，之所以能激动我们是因为它发出了比我们自己的声音强烈得多的声音。谁讲到了原始意象谁就道出了1000个人的声音，可以使人心醉神迷，为之倾倒。这便是伟大艺术的奥秘，是它对我们产生影响的秘密。"②阿来正是要通过他的作品展示这种原型的力量，在集体经验的层面体现藏民族的整体文化认同。实际上，20世纪80年代初，恰逢"西藏'被文学书写'填充的关键期。中国文学一夜之间好像忽然发现了'西藏'，西藏成为寻根文学和先锋文学想象的渊薮……'隐秘'（《西藏，隐秘的岁月》）和'诱惑'（《冈底斯的诱惑》）很恰当地概括了1980年代我们文学的西藏想象"。③这种以西藏为母题的"他者叙事"，被"神奇""神秘"和"神圣"之类的语词所描述，旨在表达一种来自外部的"震惊美学"效应。这在本质上是一种"他者"角色，站在西藏的对面，向被文本限定的奇风异俗致敬。而阿来的文本显然超越了"藏地牛皮书"式的书写，转而进入西藏文化及其符

---

① 梁海：《小说的建筑》，复旦大学出版社2010年版，第96页。

② 冯川：《神话人格——荣格》，长江文艺出版社1996年版，第184页。

③ 何平：《山已空，尘埃何曾落定？——阿来及其相关的问题》，载《当代作家评论》，2009年第1期，第46-58页。

号体系的深处，从那里获得更本质的经验，从而完成了由"他者叙事"向"本体叙事"的重大回归，以西藏主体的身份向西藏和世界致敬。

我们看到，"穿行于异质文化"间的阿来，所追寻的始终是"异质"中的"同构"，他要在不同文化之间爬梳出其间的共通，寻找一种普世性的东西。因此，阿来以藏地为背景的写作，并没有限于对藏地生活的再现以及对藏民族文化的编码与解码。从《尘埃落定》到《空山》，再到《格萨尔王》，阿来以藏族为底本，审视整个人类历史的发展进程中，弱势文明面对强势文明的侵蚀，如日薄西山般渐渐消隐。夏志清在《中国现代小说史》中提到，《边城》的意义在于，通过"边城"象征了中华文化面对西方文化入侵时的一种美丽哀愁。我想，这也一定是阿来的写作初衷。阿来从藏族的历史记忆切入，大量地穿插了藏族的创世神话、人类起源神话，以及有关民族迁徙、征战的传说、故事与英雄传奇，土司部族之间的战争、不同宗教派别之间的纷争及政治势力与宗教势力的相互争斗，以另一种民族史的写作，向读者展示了特定历史时期藏族部族的独特政治、经济、军事、文化风貌，也宣告了这一民族随着现代社会来临而出现的政治制度终结和文化的变革。

从《尘埃落定》开始，强烈的沧桑感和诗意的存在感，就成为阿来创作的底色和基调。翻开《尘埃落定》，扑面而来的是浓郁的惆怅与哀婉，带着无奈的末世情怀。麦其土司统治由兴旺走向衰败的故事明显带着浓重的悲剧色彩。这个悲剧之所以写得惊心动魄，震撼人心，是因为这不仅仅是一个家族的悲剧，而且是一个在强大的历史进程面前无力回天的悲剧。在传统与现代的无奈撞击下，土司王朝最终轰然坍塌。难以挽回的美梦、随风逝去的文明，带着挽歌式的情调，哀叹着"无可奈何花落去"的无限怅惘。有学者认为，阿来笔下，"在意识形态层面，西藏是足以对抗一切入侵的外来文明的，虽然逆来顺受，但高贵泰然；而一旦进入文明对抗层面，藏族立刻退回到'边疆落后地区'的位置"，并由此对阿来是否具有"自觉的文化归属"生发出质疑。[①]我认为，这的确是对阿来文本严重的误读。面对强势文化的巨大冲击，弱势文化不可避免地会遭遇毁灭性的打击，这是不以人的意志为转移的历史进程。正因为阿来具有"自觉的文化归属"才会对这种毁灭有着异常敏感而清醒的认识。可以说，作为历史上那些已经消逝的或者正在消逝文明中的一员，康巴土司王朝是阿来所构筑的一个镜像，言说着历史进程的残酷，言说着那些曾经的辉煌和美好永远一去不复返。从这个意义上看，《尘埃落定》的写作视阈无疑是宽阔的，阿来以西藏为镜像，映照出那些一直为人性所珍视的东西。这是一个伟大作家应该具有的品格，我想也只有这样的作品才能够逃脱那足以埋没人类一切成果的时间而幸存。

---

① 邵燕君：《"纯文学"方法与史诗叙事的困境——以阿来〈空山〉为例》，载《文艺争鸣》，2009年第2期，第18—24页。

与《尘埃落定》一样，《空山》中的六个故事在相对松散的形式中拼贴出了机村在现代性进程中的全景式图谱，从制度、语言、宗教等不同的层面关注着机村在现代性进程中的转型、裂变和阵痛。在第一卷《随风飘散》中，现代性对人性的凌迟就拉开了序幕。叙事开始于20世纪50年代，这是西藏又一次现代性加快步伐的阶段。随着公路的开通、汽车的到来，曾经封闭的机村缩短了与外部世界的距离，现代性同样也以势不可挡的势态强行打开了机村人的视野：

> 人们不断地被告知，每一项新事物的到来，都是幸福生活到来的保证和前奏，成立人民公社时，人们被这样告知过。第一辆胶轮大马车停到村中广场时，人们被这样告知过。年轻的汉人老师坐着马车来到村里，村里有第一所小学时，人们被这样告知过。第一根电话线拉到村里，人们也被这样告知过。

这样一次次的"被告知"，在让机村人应接不暇、不知所措的同时，也在悄无声息地改变着他们固有的人性。"积极分子""人民公社""生产队""工作组""共青团员""干部"等新名词、新概念，开始取代旧有的信仰和宗教。"这就是机村的现实，所有被贴上封建迷信的东西，都从形式上被消除了。寺庙，还有家庭的佛堂关闭了，上香，祈祷，经文的诵读，被严令禁止。宗教性的装饰被铲除。老歌填上了欢乐的新词，人们不会歌唱，也就停止了歌唱"。于是，仁厚、悲悯被冷漠、残酷所取代。"在机村，人与人之间的冷漠与猜忌构成了生活的主调"。在这样一个几近癫狂的村落，私生子格拉根本无法获得身份的认同，机村不仅不能容纳他的肉身，更迫使他的灵魂出走，被永远地放逐。实际上，从此时起"随风飘散"已成为机村的宿命。到了《天火》与《荒芜》中，水与火的洗礼，彻底地摧毁了机村人赖以繁衍的生存空间，而那场大火带着明显的精神指向隐射着人心之火。正如阿来在书中借巫师多吉之口所说："山林的大火可以扑灭，人不去灭，天也要来灭，可人心里的火呢？"正是当时所谓革命的、先进的思想衍生化为人心中熊熊燃烧的烈火，它烧毁了机村淳朴的民风和善良的人性。我们看到，在《达瑟与达戈》中，达戈作为机村最后一个真正的猎人，以他悲壮的死作为仪式宣告了一个时代的终结。

我认为，《空山》的深刻，不仅在于描绘了现代性进程对机村毁灭性的冲击，而且还从更深的文化层面上，剖析了导致这种毁灭的原因。那就是，现代性的强行进入未能与地域文化契合，创造出新的生长点，由此导致了一系列文化错位和种种异化。美国著名政治学者塞缪尔·亨廷顿曾说："历史上文化时尚一直是从一个文明传到另一个文明。一个文明中的革新经常被其他文明所采纳。然而，它们只是一些缺乏重要文化后果的技术或昙花一现的时尚，并没有改变文明接受者的基本文化。"①在《空山》中，阿来将这种文化的错位聚焦在语言的错位上，语言就像一个敏感的指示器，记录着机村的陷落与迷失。随着大量新事物的涌入，机村故有的语言日益变得捉襟见肘，失语的尴尬境遇随处可见：

> 饭前祷告是一种很古老的习惯。
>
> 因此祷告也是一个很古老的词，只是在这个新时代里，这个古老的词里装上了全新的意思。
>
> 这时祷告的意思，已经不是感谢上天与佛祖的庇佑了……
>
> 仪式开始时，家庭成员分列在火塘两边，手里摇晃着毛主席的小红书。程序第一项，唱歌："敬爱的毛主席，敬爱的毛主席，你是我们心中的红太阳……"等等，等等。程序第二项，诵读小红书，机村人大多不识字，但年轻人记性好，便把背得的段子领着全家人念："革命不是请客吃饭。"
>
> 老年人不会汉话，只好舌头僵硬呜噜呜噜跟着念："革、命，不是……吃饭！"
>
> 或者："革命……是……请客……"

语言学家沃尔夫指出，语言以一个体系同文化中的思想体系

---

① [美]塞缪尔·亨廷顿：《文明的冲突与世界秩序的重建》，周琪、刘绯、张立平等译，新华出版社2000年版，第41页。

相联系。"一旦我们进入语法体系，进入语言建构方略，我们就可能在相应的文化思维方式、文化心理、文化哲学上找到结构上的一致关系。反过来，文化上的思维方式、哲学、心理，也能帮助我们从整体上、方向上把握民族语言的结构特征，深刻理解民族语言在纷繁外表之下的文化规定性。"①正是语言与文化这种内在的同构性，让我们在语言的消逝中目睹了一个民族文化的渐行渐远。新的话语体系的侵袭正在一步步吞噬着机村旧有的认知模式，"文革"时期大量意识形态领域的新名词已经使机村人不知所措，改革开放之后，更多令人费解的、科技的、经济的词汇，更加搅乱了他们的思绪，以至于他们几乎丧失了用自己的语言来解释世界的能力。说到底，民族的存在首先是一种语言的存在。"在所有可以说明民族精神和民族特性的现象中，只有语言才适合于表述民族精神和民族特性最隐蔽的秘密。"②阿来敏锐地洞察到了这一点，他以一个优秀作家特有的对语言的感悟与洞悉，通过机村中民族话语的弱化，展示了机村消逝的过程，实际上这也是机村现代化、意识形态化、异己化的过程。

阿来说："我自己就生活在故事里那些普通的藏族人中间，是他们中的一员。我把他们的故事讲给这个世界上更多的人听。对

① 申小龙：《汉语与中国文化》，复旦大学出版社2005年版。

② [德]洪堡特：《论人类语言结构的差异及其对人类精神发展的影响》，姚小平译，商务印书馆1997年版。

于一个小说家来说，这几乎就是他的使命，是他多少有益于这个社会的唯一途径。"①在阿来所讲的一个个故事中，包含着无数这样的问题：为什么一个民族会消亡？主要是外在的还是内在的因素所致？土司王朝几百年生活下来，为什么到了现代，消亡得这么快？少数民族文化是否就像是一个美丽的标本，陈列在博物馆中，让我们获得的仅仅是美丽的哀愁？通过对这些问题的思考和诠释，阿来的小说实际上建构的是民族记忆之上的人类生存寓言。

近年来，学术界有关文学的"经典化"与"去经典化"的讨论甚嚣尘上。尽管文学经典在市场化、快餐化、通俗化的道路上愈走愈远，而"大话"经典和"水煮"名著之风更是愈演愈烈，这一切似乎都意味着，"去经典化"已经成为不可逆转的必然。然而，正如米勒所说："文学的终结就在眼前，文学的时代几近尾声。该是时候了。这就是说，该是不同媒介的不同纪元了。文学尽管在趋近它的终点，但它绵延不绝且无处不在。它将于历史和技术的巨变中幸存下来。文学是任何时间、地点之任何人类文化的标志。今日所有关于'文学'的严肃思考都必须以此相互矛盾的两个假定为基点。"②在此，米勒的用意与其说是宣判文学的死刑，还不如说是在预言文学的新生。在历史和技术的巨变中，现存文化体系中的众

① 程丰余：《阿来：我是天生要成为作家的人》，载《中华儿女·青联刊》，2009年第7期，第52–53页。
② 米勒《论文学》中的话，此书尚未译成中文。这段话转引自金惠敏《图像增殖与文学的当前危机——"第二媒介时代"的文学和文学研究》。

多元素已然分崩离析，而"文学是任何时间、地点之任何人类文化的标志"，毕竟，文学经典是文学传统的美学经验与诗性智慧不断丰富和沉淀的优秀成果。"一种具体的文学现象完成其经典化过程后，其本身可以丧失活力乃至死去，但它的'骨血'却将像生物基因一样编入文学传统的遗传密码，造成或影响着它'子孙'们的体貌以至性情。在这一层面上，经典文学是一种超时空的不朽力量，犹如语言对一个民族的思维方式的支配，是先验的、非理性的、不以意志为转移的。"①因此，我们这样一个被视为没有经典的时代，我们才更清醒地认识到，这是一个多么迫切需要经典的时代！尽管中国当代文学中的哪些作品能够经受得住时间的历练，幸运地成为经典，我们还无法过早地得出结论。然而，如同阿来这样，以博大的人类情怀在"大地阶梯"的两端打造出坚实的围栏，捍卫"绵延不绝又无处不在"的文学尊严，显然是值得我们尊敬的。同时，他极具原创性的书写，也的确让我们看到了一种抵达经典的可能。

---

① 陈定家：《文学的经典化与去经典化》，载《中国社会科学学术前沿（2006–2007）》，中国社会科学杂志社2007年版。

/ 第二辑 /

阿来小说的叙事美学

一

在当代作家中，阿来是一位很难以某种标签为其归类的作家。面对一波又一波文学思潮，他似乎无动于衷，并不想借助浪潮的推动，攀上文学的风口浪尖。他顽固地保持着自己的节奏，不紧不慢，笃定自己特有的步伐，书写着一部又一部特立独行的作品。可以说，阿来是一位极其追求个性，立意创新的作家，这一点在其创作伊始便初露端倪。20世纪80年代初期阿来开始诗歌创作，当时四川诗歌流派林立，成都、重庆、西昌、涪陵等地都有各色诗歌组织，但阿来并没有被这些诗歌组织所裹挟，尽管他从未停止过自己的创作，但却总是形单影只。他的每一部作品都努力以某种"陌生"的面貌，彰显出似乎永不枯竭的创作活力。他在谈到《尘埃落定》的写作时，曾说："我知道我将逃脱那时中国文坛上关于历史题材小说、家族小说，或者说是所谓'史诗'小说的规范。我将在这僵死的规范之外拓展一片全新的世界，去追寻我自己的叙事与抒发上的成功。就事实而言，《尘埃落定》确实取得了成功。"①或许，一切既有规范对阿来而言都是"僵死的"，叙事就是要在"在这僵死的规范之外拓展一片全新的世界"，叙事成功的标志之一就是创新。所以，《尘埃落定》获得的巨大成功，并没有诱使阿来墨守成规。六卷本的《空山》，"虽为长篇，形同短制"，在相对松散的形式中拼贴出了机村在现代性进程中的全景式图谱，从宗教、制度、语言等不同角度揭示了机村遭遇历史转折期的裂变和阵痛。"命题作文"《格萨尔王》又以空间叙事，在现实与神话，历史与传奇之间自由腾挪。其间，阿来花了两年时间收集了各种资料，用一种全新的视角去诠释了藏民族这一古老的史诗英雄，以此来映照我们今天的现实与处境。而《瞻对》的"非虚构"叙事，无疑再一次令我们耳目一新，掩卷惊叹原来历史还可以以这样一种方式进入文学。

我认为，在一次又一次的文体创新背后，阿来想要构建的是一种属于他自己的叙事美学。这一叙事美学既蒸腾着阿来蓬勃的写作生机，同时，又是阿来民族身份在写作中的某种必然投射。阿来出生在四川省阿坝州马尔康县的一个只有二十多户人家的小村庄里，母亲是藏族人，父亲则是回族人，这种"回藏混血"的特殊身份从小便对天性敏感的阿来产生了极大的影响，以至于在他很多早期作

---

① 阿来：《看见》，湖南文艺出版社2011年版，第207页。

品中，都有一个叫作"阿来"的羸弱孩子的影子。从小学开始便学习汉语的阿来，童年时代就在两种语言与文化之间"流浪"，产生了文化身份认同危机。其实，这种"身份……无法被回忆，它必须叙述出来"①。从这个层面来看，阿来借助文学这种对话方式，努力摆脱文化认同危机，有意识地接近民族文化，可以说，建构文化身份实际已经内化为阿来文学创作的一种自觉选择，借助文学，阿来实现的是自己的精神原乡。所以，从创作生涯的起点开始，阿来就在不断地思考：作为一个藏族人，用汉语写什么？用汉语写什么才是长项？他在很多场合谈到自己的写作时，都会在自己作家身份的前面加上一个响亮的定语——藏族。正是这一定语，时时提醒阿来，要在不懈的创新中构建属于自己的叙事美学，这样才能不断以"陌生化"的美学形式来书写西藏，以此避免自己以及自己民族文化的"失语"，让藏民族文化以新鲜的形式充盈到汉语中去，从而让汉语去表达一个从来没有表达过的现实，并通过这种表达丰富汉语的感受功能，使两种异质文化在碰撞中得到更深的交融。

那么，跨越在两种异质文化之间的"阿来叙事美学"到底蕴藉着怎样的"阿来元素"呢？阿来曾说："我所能做的，只是在自己的作品中记录自己民族的文化——在全球化的背景下，她的运行，她的变化。文化在我首先是一份民族历史与现实的记忆。我通

① [美]本尼·迪克特·安德森：《想象的社区》，见乐黛云、张辉《文化传递与文学形象》，北京大学出版社1999年版，第163页。

过自己的观察与书写，建立一份个人色彩强烈的记忆。"①在我看来，这段话在一定意义上说出了阿来叙事美学的内涵，简而言之，就是在文学中塑造一个真实而富有历史感的西藏形象。这一形象承载着西藏的文化，以及这一古老文化面对现代性、全球化等世界文化格局变化所做出的反应。当然，对于阿来而言，书写西藏形象并不是概念化的宏大叙事。西藏，浸润着阿来个人的理解、情感还有体温，是"一份个人色彩强烈的记忆。"我想，在当下的汉语写作中，阿来的叙事美学无疑具有其存在的价值和意义。在汉语与藏文化之间寻求一条相互契合的表达方式，用汉语去承载并转译丰厚而古老的异质文化，反过来进一步加深对自己民族文化的认识。这是阿来为所有当代中国作家做出的贡献和启示。毕竟，在世界文化的格局中，汉民族文化同样属于处于边缘地带，承载着汉民族文化的当代中国文学如何走向世界，如何书写出真正的"中国故事"，是摆在每一个中国作家面前的严峻问题。实际上，这也是在全球化语境下，面对强权文化对弱势文化的浸入和渗透，许多优秀的作家、学者自觉担当起的挑战。比如聂鲁达，比如萨义德，他们都在用一种熟悉的语言去表达一个从来没有被表达过的现实，聂鲁达用西班牙语表达南美洲，而能讲一口流利的英语、阿拉伯语与法语的萨义德，则跨越了异质文化的偏见，向全世界展现了一个真实的

---

① 阿来：《看见》，湖南文艺出版社2011年版，第7页。

"东方"。其实，无论是聂鲁达还是萨义德，都是阿来所敬仰的。正因为如此，阿来在写作之初便找到了属于自己的叙事策略，那就是"特别的题材，特别的视角，特别的手法，都不是为了特别而特别……我会在写作的过程中，追求一种普遍的意义，追求一种寓言般的效果"[①]。回顾阿来的写作历程，可以看出，他始终恪守着"特殊"与"普遍"之间的辩证法，架构自己的叙事美学，试图由他笔下的西藏抵达整个世界。

二

从1980年代初期开始文学创作以来，阿来所有的作品都以西藏为蓝本，正如福克纳之于约克纳帕塔法，老舍之于北京，莫言之于高密，苏童之于"香椿树街"，西藏似乎注定要定格为阿来小说世界的永恒驻地。同时，这一阶段也恰逢"西藏'被文学书写'填充的关键期。中国文学一夜之间好像忽然发现了'西藏'，西藏成为寻根文学和先锋文学想象的渊薮……'隐秘'（《西藏，隐秘的岁月》）和'诱惑'（《冈底斯的诱惑》）很恰当地概括了1980年代我们文学的西藏想象"。西藏在文学场域的中心位移对于初登

---

① 阿来：《就这样日益丰盈》，解放军文艺出版社2002年版，第345页。

文坛的阿来而言是机遇也是挑战。一方面，西藏终于跻身入汉语文学的殿堂之中，以陌生而神秘的形象吸引着众多的"拓荒者"；另一方面，扎西达娃、马原等这些在当时已经崭露头角的作家已经用"隐秘"与"诱惑"为西藏镀上了一层令人难忘的底色。《冈底斯的诱惑》中那些迷人的景致和神奇的风俗，微妙地传达着西藏神话世界和藏民族原始生存状态对现代文明的"诱惑"。《西藏，隐秘的岁月》中掩映在马尔克斯魔幻背后的寻根意识，以"外视"的目光冷峻地切入藏地，呈现出批判与拯救的姿态。这些厚重的底色无疑给尚处于文学学徒期的阿来带来了明显的压力，怎样才能确立自己独特的叙事风格？怎样才能从一个新视域切入西藏，让人们看到一个既不同于马原，也不同于扎西达娃的西藏？或许，正是对这些问题的思考，才成就了日后阿来独特的叙事美学。

　　阿来文学学徒期的创作，大多带有"草原""高原"等强烈地域色彩的词汇，像《草原回旋曲》《高原，遥遥地我对你歌唱》《高原美学》等，以一种神秘、拙朴、浑然的陌生化的语言形式唤醒了人最原初的感觉，并以现代思辨精神和悠远深邃的历史感建构诗歌文本，彰显出阿来与生俱来的文学天赋。与诗歌相比，这一阶段小说表现出更多的民族身份危机感。《红苹果，金苹果……》是一篇被阿来称为"很稚气，但至今自己仍觉清新的短篇小说"①。

---

① 阿来：《幸运与遗憾》，载《民族文学》，1991年第1期，第87–88页。

小说涉及"民族身份"等这些在当时带有较强意识形态色彩的"关键词"。文本重点刻画了两个人物，一个是因自己的藏族族别而忐忑自卑的少女泽玛姬，另一个是努力向汉人靠拢的"他"。通过对这两个人物人生历程的描写，展示了两种不同的人生观。《狩鹿人的故事》描写藏族青年桑蒂因女友羞辱他是"蛮子"，一怒之下割掉了女友的鼻子。《环山的雪光》写的是藏族少女金花在汉族老师的启发下，开始一点点接受"外来"文明，然而，这种"外来"文明在给她带来新鲜刺激的同时，也搞乱了她原本平静的心理，最终走上了一条绝望的道路。无疑，阿来这些早期小说向我们展现了现代文明的滚滚洪流给藏地带来的巨大震荡，以及对人性的深刻影响。无论是泽玛姬、桑蒂，还是金花，他们在历史转型期面临着无奈的选择，一方面是"落后"的藏民族传统，另一方面则是来势汹汹的"先进"文明的浸入。后者是他们向往并希望尽快融入的，然而前者又在他们身上烙上无法抹去的身份印记，这种"落后"的印记令他们难堪、自卑，最终丧失了理智，走向极端。显然，民族身份认同的焦虑是这一时期作品的"主旋律"。

如果说在阿来早期的创作中，西藏还仅仅是他表达某种理念或思想的一块有待发酵的酵素，带有较强的经验色彩，既有对自己民族身份的一种忐忑不安的维护，又残留有一些概念化的东西。那么从90年代开始，西藏在阿来笔下开始日益丰盈起来。强烈的族别意识转化为对西藏的历史、文明、文化的深度思考：在人类整个现代文明的进程中，西藏作为一个弱势文明地带，她经历了怎样的转变与阵痛？曾经扎根在这块古老大地上的悠久文明是否会发生无法逆转的蜕变？在全球化的进程中，西藏又将何去何从？我们不能不说，阿来是一位非常理性的作家，深邃的思想总是浸透在文本叙事的字里行间。我注意到，从这一阶段开始，阿来总是将叙事背景置于历史变革的节点，将西藏定格在最动荡的历史转型时刻，以一个个令人荡气回肠的悲壮故事，刻画西藏的历史、今天，还有蜕变。创作于1994年的《尘埃落定》，就将叙事背景放在20世纪初中期。西藏的大门被现代性势如破竹的威力强行撞开，首先涌入的是让人目不暇接的新鲜玩意儿，满足了人们从未有过的物欲想象：美国的收音机、英国的镀金电话、德国的照相机，还有连见多识广的书记官都赞叹不已的钢笔……这些西方现代文明的产物撞击着人的内心，激发出更多的好奇、更多的欲念，当然也滋生了更多贪婪的欲望。它们带来的不仅仅是福祉，还有灾难。正如黄特派员留给麦其土司的鸦片种子，"这些我们土地上从来没有过的东西是那么热烈，点燃了人们骨子里的疯狂"。当绚烂的罂粟花开放的时候，它们不仅丰饶了大地的色彩，也"催化"了麦其土司旺盛的情欲。情欲剥夺了理智，利令智昏的他杀死了忠诚于自己的查查头人并霸占了他的妻子。火红的罂粟花燃烧着，欲望与仇恨随之而起。最终，麦其土司的两个儿子都死在了复仇者的刀下。

与《尘埃落定》一样，六卷本的《空山》也讲述了现代性进程对已有生活秩序的巨大冲击。第一卷《随风飘散》就将叙事背景设置在20世纪50年代，书写现代性对西藏又一轮的猛烈冲击。公路的开通和汽车的到来，让机村呼吸到了外部世界喧嚣的气息，这些气息带给人们无尽的遐想，也在悄无声息中扼杀了善良的人性。仁厚、悲悯、宽容逐渐被冷漠、残酷、恶毒所取代，整个机村到了几近癫狂的边缘，甚至无法容忍一个小小的私生子格拉的存在。善良幼小的格拉含冤而死，他的灵魂随风飘散，而一切美好的东西也都随之一起飘散了。到了《天火》和《荒芜》中，现代性引发的癫狂开始受到大自然的报复，一场罕见的森林大火几乎使整个机村毁于一旦，更可怕的是这场大火不仅烧毁了森林，而且毁灭了人心。我想，这也正是《空山》的深刻之处，它从更深的文化层面上，剖析了现代性进程对机村毁灭的原因，那就是，现代性的强行介入与当地传统文明之间"水土不服"引发的错位。阿来将这种文化的错位聚焦在语言的错位上。随着大量新事物的涌入，新的词汇、新的话语也铺天盖地地涌入机村，政治的、经济的、科技的，让机村人眼花缭乱、应接不暇，这些新名词完全搅乱了他们的神经，吞噬了他们固有的认知模式，也剥夺了他们用自己的语言来解释世界的能力。于是，我们看到，机村人正是在不知不觉中用新的话语方式埋葬了自己的过去，完成了现代性的蜕变。

其实，对于现代性的思考并不是一个陌生的话题，许多中国当代作家都以文学叙事的方式表达过自己对现代性问题的思考：莫言、贾平凹、韩少功、李锐……尽管每一个人思考的角度与方式都有不同，但归根结底不外乎两个层面，"一方面，文学艺术作为一种激进的思想形式，直接表达现代性的意义，它表达现代性急迫的历史愿望，它为历史变革开道呐喊，当然也强化了历史断裂的鸿沟。另一方面，文学艺术又是一种保守性的情感力量，它不断地对现代性的历史变革进行质疑和反思，它始终眷恋历史的连续性，在反抗历史断裂的同时，也遮蔽和抚平历史断裂的鸿沟"[①]。就阿来而言，尽管他对现代性的思考同样聚焦在对现代性的反思上，但是，这种反思却立足于藏民族文化与思维方式，从中折射出的是藏民族文化的博大精深以及阿来对自己民族与家乡的热爱。人类学家博厄斯将人们对文化的审视分为"内视"和"外视"两种。他说："以生活于某个文化实体内的传统的负载者的价值判断为衡量事物的准则就是内视标准，而以其他文化实体为衡量事物的准则，就是外视标准。"[②]阿来显然是以一个藏民族文化"内视"者的身份来审视现代性的，因此，尽管他书写了现代性对西藏的巨大冲击，但面对这种势不可当的力量，他以藏族人特有的方式来回应。正如他在谈到《尘埃落定》中傻子形象时所说："在傻瓜这个人物身上，我就寄予了很多想法。他代表了现代化的冲击所引发的反应。

---

① 陈晓明：《现代性与中国当代文学转型》，云南人民出版社2003年版，第11页。

② [美]博厄斯：《人类学与现代生活》，华夏出版社年1999版，第85页。

一般来说，面对冲击的正常反应应该是抵抗，对这种抵抗如今在全世界到处都在以各种形式上演。但是傻瓜的表现却很'反常'。这种'反常'就好像是在突然加速的火车上，一个正常人会做出一些抵抗性的反应，因为他要通过抵抗重新获得一种平衡，但是反应的结果怎么样呢？你知道这个历史的进程就像是列车加速度一样，首先是重创这些做出抵抗性反应的人，最后的结果必然是你的失败。"①我想，傻瓜的"反常"显示了藏民族对待现代性历史进程的一种必然选择。藏传佛教的生死轮回观决定了他们将历史与时间视为永不停息的循环。对于傻瓜而言，土司王朝的坍塌、现代性引发的一切巨变乃至死亡都是无可畏惧的，因为这仅仅是瞬间在永恒面前一次微不足道的复制。历史与现实之间从未断裂，所以，对现代性的顺应实际上就是缅怀那些过去时代曾经拥有的美好。正是这种循环轮回的历史观让傻子自然顺应了突然加速列车的惯性，而不是以无谓的抵抗造成身体的失衡。这是藏民族的智慧，也是当西藏面对现代性冲击时做出的基于藏民族文化与思维方式的选择。从这个角度来看，阿来以藏域文化"维护者"和顺行者的身份完成了一次边缘对中心的参照和拯救。

---

① 何言宏、阿来：《现代性视野中的藏地世界》，载《当代作家评论》，2009年第1期，第28–39页。

三

从根本上看，任何好的文学作品都是文本内容与形式的辩证统一，文本形式必须与内容达成一种"默契"关系，从而将内容与形式保持在一个最稳定的平衡点上。对于阿来而言，要想抵达这个平衡点，唯一的路径便是将藏民族文化与思维方式内化到其叙事策略中，这样才能承载他想要表达的西藏，而这种内容与形式的贴合，恰恰是阿来叙事美学中最为动人的叙事"禅机"。

我认为，阿来小说叙事中最能够体现其民族思维方式的地方在于对叙事时空的建构。从时空维度来看，小说是时间的艺术，由语言文字传达的叙事，必然会呈现出特定的时序，也就是说，小说叙事必须遵循某种特定的时间逻辑，当然这种时间逻辑不同于我们日常的物理时间，而是作家的心理时间的外化。同时，小说也是一种空间性的存在，需要遵循一定的空间逻辑，"语言之流最终产生某种空间"①。叙事空间的巧妙营造，必定会延展文本内在的叙事张力。其实，没有对时空的独特理解，要想在21世纪成为卓越的小说家简直是不可能的事。

我注意到，阿来的叙事文本中的时间总是非线性的，《尘埃

---

① [墨]奥·帕斯：《批评的激情》，云南人民出版社1995年版，第252页。

落定》《空山》《格萨尔王》莫不如此。这些文本中的"叙事时间"或循环，或断裂，或穿越，与"故事时间"若即若离地发生着错位。阿来往往在叙事时间的无限"变形"中彰显出了其叙事的独特魅力。我们看到，《尘埃落定》便是在时间的轮回中展开循环叙事，让某种生命的存在状态周而复始地旋转，"傻"与"不傻"是傻子生命的两个极点，其中蕴藉着一种命运的循环。正如《尘埃落定》中开篇"那是个下雪的早晨，我躺在床上"，便已经预言了结局，"我躺在床上变冷时，血液慢慢地在地板上变成了黑夜的颜色"。死亡就是回到生命的起点，人生也就在如此的循环中获得了永恒存在的可能。可以说，俄罗斯套娃般的层层叠加交错的循环构成了《尘埃落定》的叙事主体。

在中国当代文学叙事文本中，这种循环叙事是不多见的。我认为，《尘埃落定》中采用循环叙事策略，主要源于佛教文化对阿来的深刻影响。佛教文化讲求"缘起"，强调事物的思维轨迹与互存关系是一个圆。起点与终点、此与彼、因与果、有与无、生与灭都是循环链接起的圆，最终会重合在一个点上。受"缘起"思想的影响，藏族人的思维机制也往往是圆形循环的，对待时间问题亦是如此，从而突破了现代人通常的线性时间观，呈现出强烈的内在生命意识。正是圆形思维让阿来选择了时间轮回式的循环叙事，让生与死、善与恶、爱与恨、美与丑都模糊了它们原有的对立性质。其实，这种圆形思维对线性时间观的突破，已经渗透在阿来叙事理念与方法的方方面面，从而让我们看到一种别样的叙事美学。六卷本《空山》的叙事时间同样非常独特，它在俯拾时间断层的一枚枚碎片中，搭建起了由时间叙事向空间叙事的位移。从表面上看，《空山》似乎是典型的线性叙事，讲述发生在20世纪50至90年代，川藏交界一个名叫"机村"的藏族村落中发生的故事。但六个故事各自独立成篇，其间并没有某种必然性的逻辑关联。陈晓明在谈到《空山》时指出，"他（阿来）的叙述已经不再考虑其他外在的和内在的连续性、对称、关联和呼应等，没有完整性的规则可寻，他只是写，只是按照传说，而不是在主体意识支配下虚构"①。我想，陈晓明所说"主体意识"是指作家对通常文体规则的认识，在此应该指的是，长篇小说是以其完整性、连续性来建构它的美学规则的。而阿来对长篇小说"主体意识支配"的突破，显然是一种对长篇小说文体的大胆颠覆，这种颠覆的根基是"传说"，或者更确切地说是藏民族的文化与思维方式。

在《空山》中，阿来将线性时间揉碎，在一块块相对独立的碎片中来展现机村在现代性进程中的生存境遇，历史被扇面打开，时间如无法落定的尘埃，在字里行间纵横交织。尽管阿来书写了作为特殊存在的机村的真实性，但整体的文本叙述带有较强的寓言性质。"机村，既是一个具体的村庄，又是一个巨大的存在的隐喻

---

① 陈晓明：《阿来新作〈空山〉——回到原初状态去写作》，载《文汇报》，2005-06-02。

体。"①阿来正是通过机村中一个个卑微的小人物，去寻找一个民族的精神还乡之路。私生子格拉与母亲相依为命，面对机村人莫名其妙的怀疑和冤枉，他能够以超出他年龄的宽容从容面对。他与藏民族传说中的智者阿古顿巴一样，"用聪明人最始料不及的简单破解一切复杂的机关"②，借助藏民族智慧，阿来赋予格拉强大的人物功能。可以说，在一定意义上，格拉是藏民族智慧与品格的人格化和具象化。同样，《达瑟与达戈》中的达戈，对金嗓子色嫫的爱恋近乎痴癫，他为了爱情抛弃了美好前程，留在了贫困的机村，从此，被机村人嘲笑为"达戈"（傻瓜），但就是这样一个执着的傻瓜，表现出了一个男人最智慧、最血性的一面，最终以惨烈的方式奏响了一曲英雄的命运悲歌。《轻雷》中的拉加泽里同样表现出了悖论般的两面：既有睿智、勇敢、强悍、不屈不饶的一面；也有稚拙、懵懂，甚至愚钝的一面。他凭借智慧获得了财富，而最终又因"愚钝"放弃了财富。看起来，阿来所讲述的"机村"故事，实际上是基于人物存在状态建构的有关民族与人类的寓言。达瑟、达戈、格桑旺堆、格拉、多吉、老魏、拉加泽里、驼子等，这一系列人物，都以藏民族文化的智慧构建起一种独特的寓言性，在一定意义上，这是时间叙事向空间叙事的位移，时间或者说时代的印记转

---

① 张学昕：《穿越叙述的窄门》，复旦大学出版社2013年版，第176页。

② 阿来：《文学表达的民间资源》，见徐连源、林建法：《中国当代作家面面观》，春风文艺出版社2006年版，248页。

化为带有某种寓言性的抽象化印记深深地镌刻在机村人身上，通过机村这样一个特定的空间展现出象征性和普遍意义，从而揭示了隐藏在时间背后的复杂而丰富的空间性内涵。

与《空山》相比，《格萨尔王》更多地采用了空间叙事。在叙事结构上，阿来设置了两条时空交错的线索，一条书写了传奇英雄格萨尔王征战南北的一生；另一条是当代仲肯艺人晋美对格萨尔王故事的讲述。作为一个对远古英雄的怀念者和吟唱者，我认为，阿来对晋美这个人物的塑造是匠心独运的。晋美不仅仅是一个被故事所驱使的讲述者，他不甘心做一个故事之外的旁观者，他更多地参与到故事中。他要去理解并且解读这个始终盘旋在西藏大地上的远古英雄。"按照作品里的描述，原先他在路上的时候，是等待故事到来，是寻找故事，后来，故事就跑到他前面去了。他去的地方，都是故事已经发生的地方。故事，在这里，俨然成了某种有魔力的东西，只有讲故事的人亲身到达，亲眼所见，才会相信。一个追赶故事的人的形象在古老的格萨尔王的故事间缓缓诞生。"①时空如同阿来手中的算盘，任由他来拨弄，他不断打断时间的链条，重新拼接空间的图像。黄河湾、古庙、渡口、赛马大会、门岭大战、盐湖、伽国、木雅……我们在叙述人晋美的牵引下，踏在现实与神话的交界点上，审视另一个世界中的景观。这个世界与那个世界的关系是如此密切，以至

---

① 铁凝：《〈在阿来长篇小说格萨尔王〉》作品研讨会上的致辞》，载《新浪网：文化读书频道》，http://book.sina.com.cn/，2009–12–21。

于晋美堂而皇之地成为虚构时空中的观者，合理合法地作为目击者讲述几千年前英雄王者的故事。小说超越时光，让叙述者晋美缓缓行走在故事发生的地方，在故事的叙述中同时掌握过去和现在，将神性、人性、魔性同时附着到传说中的英雄身上。从这个意义上看，阿来正是以空间叙事的方式，跟随格萨尔王的足迹去寻找现代人理解的神性，从而从神性来反观我们的人性。

我想，我们能够意识到，阅读阿来，确实需要将他的写作与任何"潮流"分开来。也许，恰恰是这一点造就了他独特的叙事美学。他的叙事资源和内心精神始终没有离开自己的民族，他不断地将藏民族文化和精神内涵杂糅到自己叙事策略中，通过一次又一次的文体创新来书写他的故乡。阿来以一种复杂而独特的目光审视世界，尽管这种目光浸润着藏民族的精神气质，但它却触及了人类存在最宽广的视域。其实，阿来始终没有停止探索、融合，用自己的方式用汉语写作，讲述自己内心的西藏。

朴拙的诗意

——阿来短篇小说论

一

我相信，凡是喜爱读当代小说的人，几乎没有人不知道作家阿来的。如此，也就必然会联系起他的著名的长篇小说《尘埃落定》和多卷本的《空山》。很早，我就曾被他的《尘埃落定》牢牢地抓住。可以说，人们极度迷恋他为我们营造的奇特、陌生、神秘而浪漫的康巴土司世界。我们在他的文字中，深深地感受到了一个藏族作家出色的想象力，象征、寓言的建构，诗意的氛围，细腻的描述能力和弥漫在字里行间的"富贵"的典雅之气。此后，他写作的多卷长篇小说《空山》，显示着才华依旧，功力依然不减当年的宏阔气势。那些让我们着迷的叙述，继续引导我们走进充满氤氲之气的文学世界。而令我们遗憾的是，在很长一个时期里，我们却在不经意间忽略了他的短篇小说。我感到，这些短篇，除了具备其长篇小说所具有的那些基本品质外，还拥有着长篇不可取代的更强烈的诗学力量和沉郁的魅力。这些作品，给我们别一种诗意，他所描画的"异族"，光彩眩目，含义无穷，甚至远远超出文学叙述的框架。每一个短篇，都是一线牵动远近，在他对世界的诗意的阐释和发掘中，无论是外在的叙述的激昂与宁静，宽厚与轻柔，还是飘逸与沉雄，我们感受着隐藏其间的闪烁着的佛性的光芒和深刻。那种与汪曾祺小说不尽相同但格外相近的抒情且沉郁的"禅意"，逶迤而来，纯净而纯粹。而且，有趣的是，他的长篇小说和诸多的短篇小说在写作上，时间的先后和故事、人物、情节之间，还有着颇具意味的神秘联系。可以引申出无尽的诗意和叙事资源方面的内在纠结。可以说，阿来短篇小说的路径、取向，深厚的佛教影响，显现出不同凡响，这是我们在其他作家的短篇小说中很难看到的。那是一种独到的选择，也是一种极高的文学境界。那平静、平实的叙述告诉我们，文学的魅力不只是轻逸的虚幻，而且有如此厚实的朴拙。

与长篇小说的写作相比，一篇好的短篇小说，不仅是作家潜心构思、处心积虑的精心结撰，应该说更是一次意外的相逢。倘若说，长篇小说《尘埃落定》以其探索尘世生活和人类命运，及其率性地寻找存在隐秘的勇气和才华，奠定了阿来作为一位优秀作家的根基的话，那么，阿来的短篇小说，试图要"还原"给我们一种形而下的本然世景，这一路向，在他最早的短篇小说《老房子》《奔马似的白色群山》《阿古顿巴》等作品中，就已经初见端倪。及至他后来的"机村"系列中的若干篇，其短篇小说的"拙"态，已经尽显其间。我猜想，作家阿来在写作这些短篇小说的时候，或是灵感突来，或者苦心孤诣、蕴蓄已久，他都仿佛在寻找着一种声音，或者是在等待一种声音。而这种声音一定是一种天籁之音。同时他也努力地在制造着一种声音，其中凝聚着一种非常大的力量，那是一种能够扭转命运和宿命的日益丰盈的精神力量。他曾借用佛经上的一句话表达他写作的梦想："声音去到天上就成了大声音，大声音是为了让更多的众生听见。要让自己的声音变成一种大声音，除了有效的借鉴，更重要的始终是，自己通过人生体验获得历史感和命运感，让滚烫的血液与真实的情感，潜行在字里行间。"[1]这种声音，因为聚集着血液与情感，定然会平实而强大。我甚至想，一篇好的短篇小说的诞生，一定是一首获得了某种近乎神示的诗篇，所以，从阿来的短篇小说中，在看似漫不经心、汪洋恣肆的朴拙的叙述中，我们既可以领受到他作为一个作家天性的感性表述能力，还能从这些短章中体味到旷达的激情，和饱含"神理""神韵"的宽广与自由。我以为，这一点"拙气""拙态"，能在短篇小说这种文体中充分地表现出来，意味隽永、深远，的确是非常难得。阿来小说的人物形态是"拙"的，结构形式是"拙"的，叙述方式是"拙"的，即使那些掩藏不住的诗性的语言也荡漾着"拙"意。也

---

① 阿来：《就这样日益丰盈》，解放军文艺出版社2002年版，第294页。

许，拙，正是一种佛性的体现。正像阿来在写作这些短篇时渴望与佛性的一次次"相逢"，我们也期待他的小说带给我们一次次的"神遇"般的感觉。

"我是一个用汉语写作的藏族人。"①其实，与许多其他作家不同，阿来的写作姿态和文学敏感，在一定程度上说，似乎是很早就"定了位"的。这对于喜欢阿来小说的人，在阅读的过程中就多出别一种期待：一个使用现代汉语写作的藏族作家，他对汉藏两个民族生活的描摹和把握，会是一种什么样的情境呢？实际上，诗人出身的阿来，在20世纪90年代写作他的诗集《梭磨河》的时候，就已经显示出他对事物充满诗性的精微的感悟力，以及以艺术的方式整体性地把握世界或存在的天赋。我还不十分清楚，在汉语和藏语这两种异质语言之间穿行的作家阿来，究竟怎样才能在两种语言的共同笼罩之下，摆脱异质感和疏离感，有效地扩大作品的意义和情感空间。但我感觉到，短篇小说这种文体恰恰给阿来提供了一个自我博弈的广阔天地。一方面，是写作内在气质和风度上的"朴拙"；另一方面，是短篇小说天然的结构严谨的要求，力求完整、和谐，前后不参差的文本形态。那么，这两者如何在阿来这里自然而然、顺理成章地统一起来？也许我们会忧虑，由于短篇小说艺术自身对叙事技术的要求，阿来的叙述，难以产生出朴素、率性的结构和散淡、本然

---

① 阿来：《就这样日益丰盈》，解放军文艺出版社2002年版，第289页。

的风貌，但阿来却在作品中呈现出了空前的自由。我之所以肯定地说阿来在他的短篇小说中获得了自如的舒展，是我意识到，阿来小说的"拙"是"大拙"，这个"拙"不是感觉、感受的迟钝，视野的局限，思路和写作语言的僵硬刻板，而是一种小说内在结构和气场的大巧若拙。诗意埋藏在细节里，历史的细节、经验的细节、写作和表达的细节，自由地出入于阿来叙述中的虚构和非虚构的领域之中，在单纯、朴拙与和谐之中表达深邃的意蕴。这种"拙"里还隐藏着作家的灵性，特别是还有许多作家少有的那种佛性，那种非逻辑的，难以凭借科学方法阐释的充满玄机的智慧和思想，在文字里荡漾开来。不经意间，阿来就在文本中留下超越现实的传奇飘逸的踪影。同时，他还很好地处理了小说形式与精神内核的密切关系，不仅是讲故事的方式，而且包括短篇小说的叙事空间的开掘，我们能够意识到，阿来在短篇小说中寻找一种新的写作的可能性。他在努力地给我们呈现一个真正属于阿来的世界。当然，这需要小说家具备真正的实力，阿来显然具备这样的实力。

二

在当代，擅写短篇小说、热爱短篇小说的作家，都一定是深谙小说艺术堂奥、有较高艺术境界和追求的作家。我敢肯定，他们写作的初衷以及后来持续写作的动力，也仅止于对文学本身的考虑，而绝少非艺术的功利性因素。我崇敬这样的作家，我相信只有这样的写作才是真正的文学写作，他们对世界或存在的叙述是坦诚的、满怀敬畏的。阿来就是一位对文学深藏敬畏之心的作家。

1987年发表于《西藏文学》上的短篇小说《阿古顿巴》，是阿来早期短篇小说的代表作，也是他小说创作中最重要的作品之一。在这篇小说里，我们可以发现阿来最初的小说观念的形成和成熟。我最早注意到阿来短篇小说人物的"拙"性就是这篇作品。在这里，我们甚至可以说，阿来小说所呈现的佛性、神性、民间性的因子，在阿古顿巴这个人物身上有最早的体现。从一定程度上讲，这篇取材于藏族民间传说故事的小说，也体现了阿来自身对一个民族的重新审视。他对这位民间流传的一个具有丰富、复杂的、智慧的平凡英雄的理解和艺术诠释，令人为之震撼。这是一篇重在写人物的小说，试想二十几年前，阿来就打破了以往民间故事的讲述模式和基本套路，打破了这种"类型"小说的外壳，对其进行了重新改写和重述，这的确是需要相当大的勇气。因此，时至今日，我始终没感觉到这是阿来的一篇"旧作"。看得出，阿来这篇小说的写作是轻松而愉快的，他笔下的这个人物阿古顿巴，就是一个有着高尚智慧和朴拙外表的"孤独"的英雄。"阿古顿巴是具有更多的佛性的人，一个更加敏感的人，一个经常思考的人，也是一个常常不得不随波逐流的人。在我的想象中，他有点像佛教的创始人，也是自己所出身的贵族阶级的叛徒。他背弃了拥有巨大世俗权力和话语权力的贵族阶级……用质朴的方式思想，用民间的智慧反抗。"[1]阿来在这个短篇中努力赋予了这个人物丰厚的精神内质。事实上阿来做到了。他没有在这篇小说中肆意进行类似故事"新编"那种"新历史主义"的虚构，而是在一个短篇小说的框架内，进行自然的讲述。主人公的"拙"与小说形式的"拙"相映生辉。阿来给阿古顿巴的出走找到了一条非常轻逸的道路。阿古顿巴就像是一头笨拙的大象，更是在人和神之间游弋的自由而朴拙的英雄，这个内心不愿听凭命运安排又坚韧、执拗的藏族版"阿甘"，仿佛连通着宇宙间神灵与俗世的一道灵光，"他都选择了叫自己感到忧虑和沉重的道路""阿古顿巴知道自己将要失去一些自由了。听着良心的召唤而失去自由"。我想，阿来写这篇小说的时候，他一定还没有读到过辛格的《傻瓜吉姆佩尔》，但他同样在几千字的字幅里写出了阿古顿巴的一生。阿来的叙述让阿古顿巴人生的几个片段闪闪发亮。就像辛格叙述的吉姆佩尔，"这是一个比白纸还要洁白的灵魂"[2]，阿来通过阿古顿巴表达了憨厚、善良、忠诚和人的软弱的力量，这是一种单纯或者说是纯粹的、智慧的力量，当然，这也是来自内心和来自深远的历史的力量。阿古顿巴正是凭借他的"朴拙"、孤独

---

[1]　阿来：《文学表达的民间资源》，《中国当代作家面面观·汉语写作与世界文学》，春风文艺出版社2006年版，第248页。

[2]　余华：《温暖的旅程》，余华《温暖而百感交集的旅程》，新世界出版社1999年版，第8页。

和异禀而催人泪下。

阿来短篇小说中朴拙而单纯的人物，都不同程度地潜伏着一定的文化的深度。从文化的视角看，阿来的写作，无疑为汉语写作大大地增加了民族性的厚度。他在作品中承载了一种精神，这种精神里面，既有能够体现东方文化传统的智慧者的化境，也有饱含朴拙"痴气"的旺盛、强悍生命力的冲动。这些超越了种种意识形态和道德规约的理念，构成了阿来诚实地面对人类生存基本价值的勇气。所以，他的许多短篇小说就像神话那样古老而简洁有力。他近来写作的短篇小说《格拉长大》，除了继续保持朴素的叙述气质之外，阿来开始捕捉人性内在的深度性和广泛的隐喻性。格拉同样是一个"拙"气十足的人物。这个后来在长篇小说《空山》中被舒张、深入演绎的人物，在这个短篇中则体现出阿来赋予他的超常的"稚拙"。据说，这篇小说是阿来在写作《空山》的间隙中完成的，我不知道关于格拉的叙述，阿来在《空山》和《格拉长大》之间有着怎样的设计和考虑，也许这个短篇就是阿来对格拉这个人物格外偏爱的产物。这就像是好的音乐总会有余音绕梁，一些细小的尘埃仍然会在空中漂浮一段时间。阿来写《格拉长大》或许是将《空山》里意犹未尽、未能充分展开的部分进行了丰沛的表现。使其在这个短篇里成为一个新的中心。这样，短篇的格局就会使小说呈现出一种新的可能性。正是这个短篇，将格拉的"朴"和"拙"聚焦到一个新的状态或层面。我们惊异格拉这个"无父"的少年，与母亲桑丹相依为命的从容。他与阿古顿巴一样，也从来没有复杂的计谋和深奥的盘算，"他用聪明人最始料不及的简单破解一切复杂的机关"[1]。在小说中我们好像看到了两个少年格拉，一个是那个憨直、能忍受任何屈辱、能学狗叫的、对母亲百依百顺的格拉，另一个是勇敢、强悍、不屈不挠、坚执的格拉。在"机村"这个相对封闭自足，还有些神秘的世界，道德和伦理似乎都处于一种休眠或暧昧的状态。格拉就像是一个高傲的雄狮，在斗熊的"雪光"和母亲生产的"血光"中，以本色、"朴拙"而勇敢的心建立起人性的尊严。其实，格拉与《尘埃落定》中的"傻子"，与《阿古顿巴》中的阿古顿巴都有着极深的"血缘关系"。实质上，这几个人物形象正是阿来汲取民族民间文化的内在精神力量，超越既有的具体的"现实""历史"格局，探寻人物形象"原生态"状貌所进行的有效实践。

显然，这一次，阿来再次表现出他写作的那种飞离现实的能力。可见，"拙"只要蕴蓄了诗意，是照样能够以独特的方式灵动和飞翔的。他的想象和耐心，使他能够在叙述时自给自足，拥有令人意想不到的智慧。《瘸子》中的那个老嘎多，《马车夫》里的麻子，《自愿被拐卖的卓玛》的主人公卓玛，都是阿来用那种并不特别的朴素的手法，来表现他们，呈示他们面对世界的变化和

---

① 阿来：《文学表达的民间资源》，《中国当代作家面面观·汉语写作与世界文学》，春风文艺出版社2006年版，第249页。

新事物闯入时，朴拙甚至是很"笨拙"的生活。我感觉，阿来是"贴"着生活写人物的，或者说，是"贴"着人物写生活的。人物的塑造在阿来的短篇中具有更丰富的寓言品质。这是一种超越了普遍想象力的更大的幻想性力量。实质上，幻想性是现代小说最重要的元素，它在很大程度上影响着叙事与现实、历史的关系。我非常赞同作家、编辑家程永新关于"幻想性"的一段话："幻想性与想象力不同，想象力是艺术创作的一种基本能力，在现实主义大师的作品中，想象力更多体现在根据人物的逻辑或生活的逻辑来虚构故事的走向，而幻想性是现代艺术的基本元素，它解决了理性和非理性、真实和虚假、现实和超现实等一系列与艺术创作休戚相关的命题。"①阿来就是这样一位具有幻想性的作家。他从不急于在作品中表现哲学意蕴，或是对存在做出理性的怀疑，也不轻易而茫然地从"别处"掇取既有的种种文学的遗传资源。他相信汉语言文学自有其深厚的幻想传统，他也极力在写作中努力接续这个传统。在这里，他首先是从小说的人物形象入手，精心地为汉语文学制作一份情感和人脉的档案，同时，也给自己的写作构筑起扎实的地基，或者，那些人物就是文学云层下面一座座巍峨不动的山峰。

---

① 里程：《文学的出路》，载《当代作家评论》，2008年第6期，第49—51页。

三

　　语言和文体，这是任何一个有抱负的小说家都必须高度重视的两个文学元素。也可以说它们是横亘在一个作家眼前的两道鸿沟。谁能穿越它们，谁就可能顺利抵达事物的幽深处或存在的现场，而且不需要任何额外的魔法。这一点，是与作品的选材，意识形态背景和某一种精神规定无关的要义。语言更是一种文化现象，它往往能体现出作家的文化积淀。可以说，一个作家的语言，表现了这个作家全部的文化素养。所以，汪曾祺先生很坚定地说："语言不好，小说必然不好，""写小说就是写语言。"[1]可见，小说终究是语言的艺术，这是文学叙述的根本。而文体是一个更为复杂的综合性的小说元素，它关乎小说的整个叙事，是包括语言、结构、叙述方式在内的诸多方面在心灵集结后的外化。它是能够彰显出一个作家整体艺术选择和个性风格的范畴。所以说，语言和文体应该是评价小说的重要标准。毫无疑问，阿来小说的叙述语言极好，明显受过纯粹的语言训练，尤其这种诗性的语言自然与他早期的诗歌写作经历有关，更主要的是，阿来能将这种感觉不断地保持到小说的叙述中。这种感觉，是作家特有的将现实的生命体验艺术地转化为

---

[1]　汪曾祺：《晚翠文谈新编》，生活·读书·新知三联书店2002版，第83页。

文字的能力和特质。从这个角度讲，阿来小说的魅力不仅是语言和结构带来的，也是这种与众不同的艺术感觉或直觉带来的。我觉得，阿来的短篇小说较之他的长篇更能体现他的这种艺术感觉或直觉。而这种感觉的直接外化和体现，就是叙事的"朴拙"。小说所聚敛的"幽韵"或"气场"，艺术的灵动性和表达的生动性，即文脉的变化与流动，都不事张扬地潜伏在他的"朴拙美学"之中。这既与阿来内心的诚实有关，也与他选择的看似不事雕琢的"非技术性"结构方式相关。也许，"朴拙"恰恰是一种最高明、最富有境界的小说技艺或小说意识。我在想，不知这是否还与他的藏族及其宗教背景有关。总之，这在相当大的程度上丰富了当代短篇小说的审美艺术形态。

从早些时候的短篇小说《群蜂飞舞》《狩猎》《蘑菇》《声音》《槐花》《银环蛇》，到近年的一组有关"机村"的小说，将阿来的这种朴拙的叙事美学推向了极致。《水电站》《马车》《脱粒机》《瘸子》《自愿被拐卖的卓玛》《少年诗篇》《马车夫》，每篇的结构都可以称之为自然而奇崛，朴拙而没有丝毫的匠气。一个有良好小说基本素养和严格训练的作家，他永远能摆脱别人和自己的"类型化"套路，不拘一格，不断地寻找新的叙事生机，这既需要智慧和才情，也需要某种机缘。在连续地重读了这些短篇小说之后，我对作家阿来有了更进一步的认识和理解：阿来的写作姿态或者说他的文学精神是一种感悟之后的宽容。

也许，结构的"拙"里面就暗藏着某种秘不示人的叙事的"禅机"。《狩猎》和《蘑菇》两篇都表达着很深厚的意蕴。《狩猎》是表现三个不同民族或有着三种不同民族血缘的成熟男人与大自然的一次"亲密接触"。这三个有经验的猎手，正是在狩猎这个短暂的伙伴关系中，展示出男人的血性与情怀。银巴、秦克明和"我"，在一次狩猎中向我们演示了包括人与人、人与动物之间的爱恨情仇，思索在自然面前人与人如何越过隔阂，进入相互的内心。这篇小说在叙述中不断强调人物的"动作性"，极力捕捉灵魂深处的爱意。《蘑菇》的情节虽不繁复，但在"嘉措在外公死了很久的一个夏天突然想起外公在幼年时对他说过的话""现在，放羊的老人已经死了"这样的句子引导的时间之下，阿来使平淡的叙述产生些许超越写实的意外的回旋，使"蘑菇"串联起历史、现实和生命的本然关系。像另外两篇《声音》和《槐花》，是非常散文化、抒情化的叙述文字，其中，我们能够在声音里闻见气味，从罂粟的、槐花的气息中感受自然的、神秘的生命节律。可以看出，写作这一组短篇时的阿来，就已经不想凭借"技巧"来大做文章了，而是似乎有意在略显"粗砺"的叙述体式中，寻找让故事升腾起较深意蕴和诗意的生机。及至《水电站》《报纸》《马车》《马车夫》《少年诗篇》这一组短篇小说的出现，阿来小说内在的"禅意"开始在字里行间若隐若现了。其中，勘探队"那些穿戴整齐、举止斯文又神气的人"，绝对不仅是给了机村一个纸上的水电站；

一张报纸，却能直接决定了一个人一生的命运；马车夫的失落竟然同时伴随着一个极平凡生命的终结……无疑，这些题材，这些视角，这些眼光确乎有些特别，但行文的磊落使阿来的叙述不断地发散着骨子里的朴拙之气，却也不脱离菁英本色。这些生命景观和生命形式，是宿命的、飘动的，也是禅意的、诗性的。仿佛阿来天生就知道哪些生活和想象可以写进小说。而且，我们在阿来的短篇小说中，几乎看不到任何刻意雕琢的戏剧性结构，也许阿来觉得这样肯定会将小说写假。所以他不求谨严，貌似"天马行空"般散淡，但平衡而和谐。情节、故事的线索明显，拴住了人物，铺张了细节，却没有缠住复杂的生活和灵动的感觉。在这里，我觉得阿来的写法很像法国作家罗布·格里耶。后者对小说技术的革命性探索，被指责"损害"了小说的文体。但我觉得，也许正是他那种"损害"技术，成就了他的小说。实际上，阿来短篇小说的"拙"，在一定意义上讲就是反技术的。他的文字在虚构的空间里自由地奔跑，有时，他难免会忘记、忽略种种限制，只感受到自己的体温，听见自己的呼吸。简约、素朴、儒雅、诗性的语言，自然而不求绚丽，尤其是"拙"，"拙"得老到而且敦厚。因此，这样的"拙"，也就难免不带着诡谲的、不时也会越出叙事边界的"禅机"。

这时，我们能够意识到，阅读、认识和体会阿来，确是需要将他的写作与任何"潮流"分开来的。也许，恰恰是这一点造就了他与许多同代作家叙事策略的不同。回想他的写作，一路来，阿来也算是特立独行，他的叙事资源和内里精神始终远离诸多的模式。他的小说虽以平易取胜，但积淀着浓郁的诗意。那些深邃的道理，都埋藏在形而下的素描之中。在叙述中，阿来竭力地摆脱自己的作者身份，中年阿来看世界、看生活的眼光，或直面人生的态度可能是"世故"的，但这也许更经得起时间的推敲，"所有的写作，最终都一样，必须用最世故的眼光去寻找最纯洁的世界"[①]。而纯洁的世界一定是单纯的、质朴的世界。我感觉到，阿来正努力通过短篇小说这种文体，追求空白、空灵、空阔的小说境界。这体现出一个有艺术抱负、有责任感的作家的力量和信念。阿来的长篇小说《尘埃落定》和《空山》，早已显示或者说代表了这个时代的写作，但我想，他的短篇小说给我们带来的价值和诗意，恐怕同样难以做定量的估算。

---

① 张学昕、苏童：《感受自己在小说世界里的目光》，载《当代作家评论》，2008年第6期，第63-69页。

阿来的植物学

阿来曾在《成都物候记之十六：桅子》中，仔细地描述过他微醺后轻步在院子里感受桅子花的感觉："朦胧灯光中，真的无风，园中池塘，有几声蛙鸣，香气再次猛然袭来……我笑，笑花香该是闻见的，却偏偏真的听见，脚步作了一个听的姿态，这些光影中盈动暗香的，轻盈、飘渺而来的是今年最早开放的桅子花。"读到此，我立刻感觉到，阿来对植物和自然的感受力来得是如此真切、细腻、敏感和饱满。他的"听香"，如同"观音"，通感的神秘艺术体验，让阿来对自然的阅读，在美学层面和充满禅味儿的境界上徜徉。我知道，阿来的写作，曾经从音乐上得到过很大的启发，他非常地醉心于贝多芬、阿赫玛尼诺夫的音乐。我们在阿来的哪怕是一些极其朴素的文字里，都能感受到叙述、呈现中富于音乐感的回旋和咏叹。我开始好奇，多年以来，阿来的写作灵感是否也与这些植物的色、香、形、神有着某种神秘的联系。也许，阿来小说写作的"第六感"，就是因植物而变得灵动和切实起来的。他散见于刊物和博客上的《成都物候记》，文字清雅、醇厚，又不乏灵动，他自己所配发的摄影图片，清新隽永，无论是木本植物还是草本植物，紫荆、丁香、迎春、芙蓉、泡桐，等等，在阿来的笔下和镜头之下，都成为成都这座城市季节轮转和自然的风致。但是，阿来的"植物"情结和志趣似乎并不如此简单，他对植物的一次次凝视中总是饱含着难以言传的、对事物的默契，或者说，这就是他用心感知天地的一种方式。我总觉得，阿来是一位可以通过文字或影像通天地万物的作家，他兼具古典和浪漫艺术的品质，而植物极有可能是给他带来写作好运的重要事物之一。

阿来是什么时候开始迷恋摄影的，我不是很清楚。近几年来，每一次与他见面，或一起参加文学活动，他那只装有相机和四个镜头的旅行背包，总是跟随着他。后来，我很快意识到，阿来更主要的是迷恋上了植物。或者说，是因为迷恋植物而喜欢上摄影，也许，正是因为爱上摄影而对植物发生了极大的兴趣。看到他电脑和记忆卡里储存的数万张植物图片，你就仿佛进入一个丰饶而神奇的世界。这里，景深凸显出的，不仅是有着极细微区别的色彩，和层次变化的画面，还有泥土和种子诱人的气息。他可以辨认并说出一千种以上植物的名字或习性，有时，为了认识一种刚刚拍到的植物名称，他需要查找资料，对照《植物志》等进行仔细确认，而这常常需要花掉一个上午的时间。

我感到，阿来以一种宽柔、仁慈而智慧的眼神，与无数种植物发生着神奇而微妙的对话。在他洞烛幽微的镜头下，常常被我们所忽略、忽视的植物都可能获得体面而庄重的再现，一种意想不到的美突然就会绽放在你的眼前。去年在大巴山，尚未完全开发的宣汉"百里峡"深处，依然有一些比较"原始"的生态环境和景致，给我们的视觉带来许多的惊喜和振奋。阿来在峡谷中逡巡着拍摄植物和花卉，我一直跟在他身后，观察他所关注的种种植物。晚上回到驻地后，在他在电脑上浏览的图片中，竟有十几种我毫无任何印象的花朵，我不知道他是在什么时候拍下的。原来，阿来的微距镜头下，将夏枯草、溲疏等许多很弱小、"不起眼"的植物也尽收眼底。这些，都被我漏掉和忽视了。他的镜头，放大并收藏了许多静默的、孤独的存在，而阿来的寻找和捕捉，总是显得意味无穷。也许，画家也好，作家、诗人也好，他们所把握住的美妙，一定有许多都是从我们的疏忽、蒙昧、粗鄙的心灵间轻易划过的。细致入微，入情入理，这是一个作家的责任。

我注意到，阿来在面对所有植物时，身体的姿态异常丰富：仰视、平视、俯视，有时，竟然还有"卧式"，沿着目光或镜头的方向，他尽情在镜头后面触摸、感知种种大地精华的韵味和底蕴。我相信，阿来对植物具有一种格外的感受力和亲和力。美总是在独特性中发生，如果没有独特性的话，感受美的机会就会降低。在某种意义上说，一些植物的独特性是很难看到的，因为它们是如此便宜和无处不在。美的事物，未必都是依靠理性或实用或珍稀来提炼的，它就长存于能够包容万物、藏污纳垢的天地之间。

其实，在阿来大量的文字中，有关植物、生态、自然的话题和描述，早已有之。只不过这些文字大多都是作为地理背景和民族风情的衬托。那部长篇散文《大地的阶梯》，就是循着地理的面貌勘察人文足迹的一幅历史、文化地形图。在这些文字中，我们会不断地体会到阿来在大自然中无比沉醉的情绪和感怀："就是这样，我从尘土飞扬的灼热的夏天进入了山上明丽的春天。身前身后，草丛中，树林里，鸟儿们歌唱得多么欢快啊！我就是这样，一次一次，感谢命运如此轻易地就体会到了无边的幸福。""在我久居都市的日常生活中，很多时候，我会打开一本又一本青藏高原的植物图谱，识得了许多认识却叫不出名来的花朵的名字。今天，我又在这里与它们重逢了。"[①]鲜红的野草莓、紫色的马先蒿、蓝色的鸢尾，生机处处；白桦、红桦、杉树、松树、柏树，翁郁如海。阿来在那次漫长悠远的行旅中，似乎在无数茂密的植被下，玄想、推断出在这样的环境里曾有多少鲜为人知的秘密，那些土司家族的宿命，政治、经济、环境与文明的崛起和衰落。大地上所发生的一切，是否就如同在纯生物繁衍意义上，一种家族的基因和血统，历经几百上千年的风霜雨雪，终于因为穿越得越来越疲惫，而失去最后一点动力。而整个人类社会的里程，就像大地的阶梯，在无数的阶梯上面，零星散散的村落，宛若那些有名字或叫不出名字的小

---

① 阿来：《大地的阶梯》，南海出版公司2008年版，第120页。

小花朵，映现、记载着大千世界的四季流转，风云变幻的轮回，与存在世界对视的不仅仅是人的面孔，还有摇曳在大自然中植物的生命力。那么，人的力量和美好，就体现在向上攀登的行旅之中，体现在人与自然美轮美奂的呼应之中，正所谓"同声相应，同气相求"，乃至天人合一的境界，才是人与自然相互的赋予、相互的求证。而植物对人和大地清凉的绿色笼罩，照亮了我们的双眼，呈现出了宽阔和自由。就像阿来在自己的一本散文随笔集中所表述的那样：世界，就应该这样日益丰盈。

谁愿意在残花中瞭望破败晚秋的降临呢？对于自然而言，大地的枯谢和绿色的埋没并不可怕，可怕的是生机的毁损，成熟像伤疤般长出了锈迹。人类在近一个多世纪时间里的干涉和放纵，消弭和切割了多少自然的生物链条。我们既不愿意看到开败的"残花"，更不愿意看见地貌上的任何一种生物随风飘散般消逝，香消玉殒。风吹来的种子，又被风裹挟而去，是格外凄清和伤感的事情。这样，人将会付出怎样的代价？每一个种子，都把整体作为生命的未来及其可能性，包藏在自己的体内，它将尚处于胚芽状态的神性的逻辑植入大地，我们还有什么理由，不小心翼翼地敬畏和服侍我们脚下的土壤呢？其实，对于人与自然的关系而言，这里，根本就不存在任何意志上的悖论，春暖花开，斗转星移，不能为了满足一时一己奢侈的消费欲望而破坏生态。一种植物的消失，早已不是这种植物个体的消失，而是整个生物链条毁损的开始。这个时候，人类真的需要慢下来，再慢下来，给自然争得一个片刻的缓解和休憩。

我开始猜想，一个作家的写作，以及他的审美视阈，究竟与对自然、生态的体验之间，存在着怎样神秘的联系？我也渐渐明白，阿来在始终略显急促的脚步中寻找着什么。可以肯定，他的精神世界的深处，一定有一个巨大的隐秘，这个隐秘也可能来自一种巨大的隐忧。或许，那就是他期待文字之外，存在着一个没有因时代的过度递进而变迁的人的安详、坦然和平静。尤其当阿来无数次穿越峡谷、群山、荒野和川流的时候，他所渴望的，一定是生机处处的美丽的植物的冠冕，而不是被现代挖掘机械践踏过的、被无序补缀过的人工丘陵。

明显地，我们这个时代与自然的进程相比，已经呈现出格调和色泽上极大的不一致。生态系统并非静态，它们随着时间以一种有序的、可以预测的变化而发展，甚至，很多时候，这个变化系列是由植物和动物自身所更改的环境而导出的。我们在与其他物种，包括植物和动物打交道的时候，总是过于自信和高傲，甚至不乏毫无理由的嚣张，即使是那种想象上代表着高于自然力量的某种驯化能力，也被我们自己大大地夸张了。更多的时候，我们应该能够从植物本身所发出的信息中感知，或者在审视它们在四季中的性格时耐心思考，这样也许可以看出，它们其实根本就不想与人类做什么交易。

六卷本长篇小说《空山》，是阿来在将近六年的时间里完成的重要作品。其中，阿来在各卷布置了"随风飘散""天火""轻雷"

和"空山"等无不是隐含深意的重要意象，风、火、雷和空山，既是物质性的也是精神性的暗喻。在最后一卷，当大量的森林和植物，被人类的利斧砍削之后，孤独的村庄、孤独任性的人类，裸露出不可思议的残疾心理和病症。这时，我们看见，阿来从《尘埃落定》的罂粟的腥红色中游离出来，表现出从未有过的焦虑和困惑。

无疑，阿来恐惧孤零零、光秃秃的地貌，忧虑人类今天的喧嚣和繁荣会变成明天的"空山"。谁也不会相信，那些空荡荡的荒山秃岭曾经是一个繁荣世界开花结果的地方，人竟然可能会消失得无影无踪，这一片片土地也失去了它应有的效力。人类活动对环境的影响越来越大。这源于人类的贪婪、无度的开发和对自然的肆意挥霍。对人类社会来说，想逃脱自己活动所带来的后果愈来愈困难了。自然、生态日益变得苍白、局促，这种变形，改变着大地的生机与活力，也使人的价值伦理体系落入歧途。人的精神衰落、式微前的迷狂、不可理喻的欲望，必将会改变、扭转文明的格局和平衡的生态。

"我只感到世界扑面而来"，这是阿来在一所大学演讲的题目。我想，世界在这里，不仅是现实的状态，还有历史已有的样貌，还有大自然的神奇造化，更有一种人的莫名紧张。究竟什么是真正的现代文明或人类文明？这些年来，这样的问题纠缠着每一位有良知的人文学者。具体说，文明其实绝不是一个简单的名词或形容词，它确是生命主体在处理与自然关系时，两者相互发出的一种十分具体而和谐的声音。阿来喜欢这种自然、质朴、平和的声音。所以，前面我们看到的阿来自述"听香"的文字，就是阿来敬畏这种"天籁"之音的精妙记录。

从一定意义上讲，宗教感，对一个作家是必不可少的一种精神、心理背景或者依托。在这个精神平台之上，世俗的一切，才有可能被作家所包容或宽恕。实际上，对于阿来来说，一个有着藏族身份、娴熟地使用现代汉语写作的作家，他在思考和写作的时候，已然忘记了他的个人身份，也早已放弃了对语言的雕琢。他更多的是进入了一种自然的状态。在这里，作家的善良和寻找美好的天性，连同每一个大地上的生灵，不仅会在他的文字里熠熠闪光，还会通过他的镜头，透射出新颖、鲜活的画面。

如此说来，阿来的植物学情结，实质上是关于人、自然、生态和一切事物的写照和韧性追踪的愿望。

/ 第三辑 /

孤独"机村"的存在维度
——阿来《空山》论

一

　　《空山》是阿来的第二部长篇小说。算起来，这部小说的写作与完成，距离他的成名作《尘埃落定》的写作竟达十年之久。这期间，阿来只有一两本文化或文学的散文、随笔集面世，不见有更多的非虚构作品出来，更难见他出现在那些热闹的与文学相关或不相关的场面。我隐约意识到，对于创作力正处于旺盛时期的阿来，在这个语境巨变、表意焦虑的时代，他是否在有意地放松自己文学写作的心态和某种叙述的紧张，而寻找写作的某一种纯粹性？他或许在这个变动不羁的时代，想离开喧嚣的文学远一点，而试图体味着一种从容不迫的内心的宁静？读完出齐的六卷本《空山》之后，我才渐有所感：在此，作家心存高远，阿来是想重新复现一种有关故乡、生命和存在的精神记忆，而其中所蕴藉的，却远远不是个人记忆所能承载的一种异常强大的力量，那关乎一个民族或者整个人类的沉浮和兴衰。历史被扇面打开，时间如无法落定的尘埃，文化的沉积与沉寂，也像浓重的暗影，在字里行间纵横交织。所以，这里的"空山"之空，也就绝非"空灵"之空，我们也会由此明白阿来为何多次申明，"空山"与王维那两句闲适的著名诗句没有任何关联的原因。

我觉得，"空山"这个词，其实是一个非常大的意象，是不能简单对其字面进行破题或者做语义学方面的考察。虽然，我后来知道，阿来是在与出版社签订这部书的出版合同时才随即提出这个书名的，那时，这部长篇的后几卷尚未完成。但我感觉，这种意象，极可能是阿来潜意识中很早就有的一个宿命般的确定。实际上，阿来的内心是有两个空山的，什么样的空、什么样的山，始终贯穿和游弋在阿来的写作过程之中。一方面，阿来的内心一直存在着他生于斯长于斯的一个具体的藏地的乡村，沉浸在那一派远山之中的村落，蕴藏着那个世界里具体的艰辛、痛苦、迷茫、苏醒和希望。这无疑是阿来写作的原动力；另一方面，我们会意识到，在阿来小说的叙述背后，必定耸立着一座我们的肉眼所看不见的"空山"，这座空山，不是神灵能够从高处俯瞰的世界，也不是航拍的地图可以洞悉的地表样貌，而是一种存在，这种存在是物质的、精神的，更是心灵的和诗性的。而就在这个实体性的存在和看不见的浑穆的空山之间，潜抑着阿来许多的情结。并且，这些已经远远超越了单纯的人与自然的关系。

所以说，"机村的故事"也并非只是一种关于乡村显现和消失的记忆，应该说，它是一种复杂的审视世界或存在的独特的目光，以及被这种目光所抚摸的人类存在的宽广视阈，它令人惊悸也令人感奋。尽管这里有蒙昧、苦难、希望和奋争，它充满了褶皱，也笼罩着无尽的孤独，但是，阿来做出了自己情感和精神的担当。这种担当不是对现实的某种修饰，而是对未来的一种祈愿。我觉得，更为重要的是，阿来发现了中国乡村自己生存的时间和空间："这个世界还有一个维度叫时间。在大多数语境中，时间就是历史的同义词。历史像一个长焦距的镜头，可以一下子把当前推向遥远。当然，也能把遥远的景物拉到眼前，近了是艰难行进的村子，推远了，依然是一派青翠的空山。"①可以这样讲，这种表述，体现为阿来的写作从空间到时间上的一次双重的纵深，这不仅是对中国乡村未来的一个纵深，也是阿来对这个民族和整个时代的一种精神纵深，是对急剧变化的世界及其存在方式的倾心叙述、诠释和想象的重建。

　　其实，阿来在此前的那部长篇游记散文《大地的阶梯》中，就谈到过这种构想："我想写出的是令我神往的浪漫过去，与今天正在发生的变化。特别是这片土地上的民族从今天正在发生的变化得到了什么和失去了什么？如果不从过于严格的艺术性来要求的话，我想我大致做到了这一点。最后，在这种游历中把自己融入了自己

---

① 阿来：《〈空山〉三记》，载阿来"新浪网"博客文章，2009-06-28。

的民族和那片雄奇的大自然。我坚信，在我下一部的长篇创作中，这种融入的意义将用更艺术化的方式得到体现。"①看得出，对于《空山》的写作，阿来在内心深处依然有太多的承载，面对扑面而来的世界，还有他对存在世界所抱有的无数不灭的希望和期待，都挥之不去。阿来的这种思想的向度，这些年来沿着时间和历史的通道逶迤而来，在陆续写就的这部《空山》中愈发清晰可见。我们甚至在这部《空山》之中，已经感受到他清晰的痛感，也让我们在滚滚红尘中停下来，慢慢地、重新审视这个我们栖居的存在世界，打量我们的自身。

在这里，我无意将这位娴熟地使用现代汉语写作的藏族作家及其舒展、宽广、浑厚、大气的文字，按着"是民族的还是世界的"思维理路进行狭隘的文本分析，那将是十分拙劣的。我只是想仔细地思考，在这部小说中，阿来是如何对一个个生命、一个村庄、一个族群、一种文化的生成和变异，做出心灵化的诗性呈现的。我们又该怎样理解和感受这部长篇小说所呈现出的当代汉语写作的新气象？确切地说，这部被阿来自己称之为"非常费力的远征"②的《空山》的写作，可以说是阿来自我设置的一次具有相当难度的写作，对于他来讲，这又是一次怎样独特的写作呢？我们深深感觉

---

① 阿来：《〈空山〉三记》，载阿来"新浪网"博客文章，2009-06-28。

② 阿来：《我只感到世界扑面而来》，载《当代作家评论》，2009年第1期，第22-28页。

到，阿来在其中埋藏了无数深邃的思考，从而能够生发出更加震撼心灵的力量。从卷一《随风飘散》到卷六《空山》，阿来始终沉浸在他对生命和存在体验的深远境地，竭力地发掘生命与自然原生态的质地，呈示在一种文化行将消失之际，时代的沧桑巨变给那些无所适从的人们带来的悲剧性命运。阿来十分自由、"任性"地进入或者说营构的这个"机村"，以现在进行时的叙述时态重现这个村落数十年的生活场景，也极写几代人的旷世苍凉，这从表面上看，仿佛为旧时代吟唱的一曲挽歌，推演的一幕悲剧，实质上却是一种虔诚而庄重的反省，而且这种反省是全然面向未来、指向未来的，更是超越了一般性社会意识形态的规约，对存在世界的充满悲悯情怀的坦然、率性审读。这个虚构的"机村"，可能与更多的人并不存在某种经历、经验方面的渊源，但它却与我们每个人的真实存在相关。那么，在我们尚且无法更加清晰地看到未来时，正是这种具有深厚文化意味的深沉反思，赋予了历史和存在以无限的文化和精神价值，才使文学叙述具有了深刻的意义。我们也由此才能领略这部《空山》的深刻意义。

二

实际上，《空山》所讲述的，是一个村庄或是事物存在和即将消失的故事。但在其中，我们既可以感受到人的生存和人性的状况，体味到生命沉重的力量，内心的坚韧和赢弱，以及文化的兴衰，又可以感受到来自村落外部和内部两方面力量的汇集和冲撞。尤其是，在一个荒诞或者说是多元的年代里，人的梦想、欲望、变异和虚无的交织、错位。同时，我感到，阿来试图在表现人类整体的一种存在形态，表达人类在面对世界、面对自然也面对自己的时候，他的茫然、冲动，甚至乖戾、嚣张、孤独和绝望，以此揭示深层次的人类的孤独感。

这样看来，机村既是一个具体的村庄，又是一个巨大的存在的隐喻体。看似他写的是一个村庄，但绝不止是这一个村庄。他写出了这个村庄的贫瘠和荒谬，也写出了这个村庄的智慧和善良，焦虑和孤独，还呈现了这个村庄在遭遇社会政治、现代文明的浸入时惶惑的神情。显然，阿来将"机村"置于半个多世纪中国社会政治、文化复杂多变的动荡中，细腻描述几代人的生死歌哭，他们在天灾和人乱中的蒙昧、破坏、滞重、苦难、灾难和期冀。我认为，阿来是在清醒的理性中对抗着一种又一种事物的本源和归宿，努力地发现、探寻一种可能的文明的秩序。因此，整部小说的叙述节律和基调，都给人一种既单纯、删繁就简而又沉郁、延宕的感觉。

令人感到沉重的是，《空山》的叙述是以对仇恨、死亡和灾难的表述开始的。《随风飘散》开篇就写一个孤独少年为另一个少年的死所承受的煎熬。究竟是什么随风飘散了？存在的苍凉和荫翳，笼罩着整整这一卷的叙述。这样一个荒芜、蒙昧的村落，"单纯明亮的孩子"格拉，内心忍受着巨大的孤独，在成人的世界中茫然无措。格拉的困境不止于被人们误认为是伤害兔子的"元凶"，主要是他"无父"的出身和拥有一个坏女人桑丹作为母亲的现实。作家赋予格拉超出他的年龄和实际对于苦难的道德承载力。有趣的是，在这个长篇小说之外，阿来另有一个短篇小说《格拉长大》专写格拉和他的母亲桑丹。这个短篇是阿来在写作《空山》的间隙中完成的。我不知道关于格拉的叙述，阿来在《空山》和这个短篇之间有着怎样的设计或考虑。但我们会分明地看到，阿来在此是想更深一步地捕捉到人性内在的深度性和广泛的隐喻性。格拉的形象，在这两个各自独立的文本里，获得了宽广的呈现。在《随风飘散》中，阿来将这个少年的短暂的人生段落写得太凄楚了，他的早熟、隐忍、善良、稚拙，映照出了成人世界的狭隘、世故和恩怨。他与《格拉长大》中的格拉，构成了一种互补。这个无父少年，与母亲桑丹相依为命的从容，令我们惊异。在"机村"这样一个封闭、自足的，还有些神秘的世界里，道德和伦理似乎都处于一种休眠和暧昧的状态，但格拉以他的孤独、坚韧和勇敢建立起人性的尊严。可以说，阿来写出了格拉"原生态"的样貌，同时，也写出了生存的不容易、生命的极端脆弱和难以摆脱的绝望。阿来以这样一个坚毅少年的形象引领全书的叙述，颇有深意在其中。

看起来，阿来所讲述的"机村"故事，基本上还都是在对人物存在形态的表现和描述中完成的。恩波、索波、多吉、老魏、格桑旺堆、格拉、桑丹、达瑟、达戈、拉加泽里、李老板、色嫫、驼子，等等，这一系列的人物，或在阶段性的叙事中消遁，或贯穿整部书卷的始终，构成《空山》变幻、叠加的人物谱系。

从表面上看，多吉的巫师般的魔力、拉加泽里在新时代的"发迹"，达瑟的读书生活、达戈对爱情的执着，都好似一个个在这个时代极易发生、也随处可见的普通故事，但不同的是，阿来则是反复地叙述他们在面对困境和沉重时的选择。他经常将达瑟、达戈、拉加泽里等人物悬置于激烈、压抑和撕裂的情境之中，无论是人与人的爱恨情仇，还是世事的日常烦忧，对这些在政治、文化和时代的变动不羁中缺失了存在"主体性"的人们，阿来都尽力地在一种极其自然的状态中展现人性的丰富。因此，这些人物心理层次和"动作"的凸显和叠映，张弛有度，不断地推动小说叙述的机制，成为整部小说的叙述动力之核。这个人物谱系，构成了整部小说的"人脉"和"龙骨"。

多吉这位"机村"卑微的农人，只有在扮演巫师的身份与神灵对话的时候，佝偻的腰才能绷紧，身材才会孔武有力，浑浊的眼睛才能放射出灼人的光芒。多吉这个人物形象，在"烧荒"与"天火"的人与自然的角力中，讽喻了一个时代的荒谬。格桑旺堆则是勇敢和沧桑的代码，他见证了"机村"半个多世纪的兴衰和荣辱，时代风云的多变。达瑟和达戈，成为六卷《空山》中唯一以人名命意的篇名，足见阿来的深刻用心。阿来试图将达瑟作为知识的代词，演绎"时代不能承受知识之轻"的悲剧。这个达瑟，仿佛"机村"文化之厦的主人，而"树屋"，别有深意地在一定程度上体现出文化的悬浮与错置。对于达戈，阿来则想将其塑造成一个真正的男人和猎人，达戈可以为爱突破个人存在的边界，承受巨大的精神和身体的双重压力，与色嫫的歌声一起燃烧出生动、悲怆的爱情，也可以冒死扑向黑熊，致命一击，拯救格桑旺堆，显示出英雄本色。而贯穿《轻雷》和《空山》两卷的拉加泽里，在跌宕多舛的命运里，以青春和生命为代价，终于"渐悟"出生命的真义，并且，他从时代潮流的裹挟中，从对物质世界的追逐中转而忧虑村庄的命运，萌生出拯救大地的冲动和渴望。并且，拉加泽里这个人物在一定程度上整合了整部书后半部分的情节、故事和人物的聚合。

可以说，索波是几乎贯穿这部小说的相对复杂的一个人物，他经历了"天火""荒芜"和"空山"几个时期，他在那个蒙昧年代，在国家政治、意识形态不断变化的风标下常常无所适从。这从一个特别的角度，凸现出人的存在之痒。那么，他在"荒芜年代"带领一班人，对古老王国的寻找，虽说体现了人的天真，但对生存需求的渴望、不屈的信念，也表现出另一种执着。

我们注意到，阿来是如此用心而深入地体验着人物的内心。他毫不拘谨地、从容不迫地把人物内心深处那些迷惑的、懵懂的，以及矛盾着、撕裂着、悸动着的灵魂散淡地叙写出来。阿来显然自信有把握通过他笔下的人物，解决内心对这个世界和存在的疑虑，阿来从人与异类的关系中发现了人自身的问题。他细致地刻画、描述了人与猴子、人与熊之间的交锋和对峙，从中深刻地照见了在动物面前，人的智慧、坚毅和勇敢，以及"万物之灵长"的骄纵，同时也毫无遗漏地裸现出人类的狡黠、幽暗、粗暴和残忍。在人类的内部冲突之外，阿来有意非常细腻地描述了这两桩人与动物的对抗事件，显然有着充分的对人类做出基本道德、伦理底线进行判断的依据。

　　无论是人还是动物、植物，一个乡村，或一种生灵，缘何存在，缘何消失，缘何发展，这是阿来也是许多人被困扰的、又不得不反复思考的命题。问题在于，支撑人类存在的是对未来的怎样的一个念想和诉求？现在，这个乡村却在没有抵达未来的时候就已经衰弱不堪。由此构成了人与自然、人与环境，以及人与自身的一种巨大的窘境。那么，在拉加泽里重现高原之湖的绿色梦想和"机村"即将消逝之间，构成了人们无法回避的活生生的现实，而且，这个现实对于人们是异常的尴尬和残酷。

　　非常明显，一方面，在很大程度上，小说极力在消除现代性给当代中国所带来的种种物质的、精神的幻象，同时，也在逐渐淡化政治意识形态对这个曾被神性光环笼罩的庸常、俗世的"机村"世界及其精神的困扰；另一方面，"机村"人也应该为人自己在大自然面前的破坏性"狂欢"付出了沉痛代价而悔恨。森林、植被、动物一系列生物链的毁损，将人类拖入一个自欺欺人、混乱不堪的境地。因此，如果说，新石器时代晚期村落遗址发现给人们带来的兴奋，那种被点燃的重现湖水的激情，引发出了"我们从哪里来又将到哪里去"的思索，那么，机村人对改变地质面貌和格局、建设大型水电站的隐忧，就体现为人对自然的亲和与依存。"命运造成了生活世界的普遍的不可把捉性、偶然性，但人又本能地具有追求稳定性的意愿；自然的力量带来把一切有的存在化为虚无的威胁，但人又内在地具有意志的独立性；死亡规定了时空中一切生命的有限性这一最终本质，而人又有要求超越有限的深层欲求。这种种矛盾纠缠交织，使人生有如一个大谜。"[①]

可见，人在这种焦虑的存在之痛中，抵抗着来自于外在世界，主要是来源于自身的困扰。关键在于，我们终究都无法回避人类自身对存在终极价值的寻找和指证。"认识你自己"这句旷古箴言对人的提示，或许可以从另一个角度或多或少地消解人类自身的轻狂。其实，在整部作品的叙事中，阿来丝毫没有渲染包括政治、宗教在内的各种力量对生活的规约，而是十分自然地将对存在世界的感知、体验诉诸诗的、美学的呈现，尽管阿来深感这个现实世界是如此沉重。

---

① 刘小枫：《诗化哲学》，山东文艺出版社1986年版，第164页。

三

就在我读完阿来的长篇小说《空山》之后，我对汪曾祺先生关于小说写作的一些思考和理论愈加敬佩，感到其入理而精到。这也使我对阿来的小说有了更深远的体味。从《尘埃落定》到《空山》，及至长篇小说《格萨尔王》，我们既从整体上看到了阿来对文学写作的良苦用心、率性和纯粹，同时，也深深地体悟到阿来的现代汉语小说叙述的神韵和精妙、华美与厚道。特别是，他的小说自然且有些"暧昧"的艺术形态，流溢在字里行间的朴拙之气，不动声色中呈现出极有分寸感的叙事美学风貌。

悟道极深的汪曾祺先生，对作家的语言、小说结构、文气、语感有着一种简洁而沉实的彻悟。他认为，"一个作家的语言表现了作家的全部文化素养"，"结构无定式。我认为有多少篇小说就有多少种结构方法"，"生活的样式，就是小说的样式"。他还特别强调，一个作家最重要的是要培养自己的语感，要懂得语言的音乐性，"语言不好，小说必然不好。语言的粗俗就是思想的粗俗，语言的鄙陋就是内容的鄙陋"。从这个角度来品味和考量阿来的小说，可以看出阿来小说的文字风貌和高贵品质。所以，如此看来，阿来的小说，最契合汪曾祺先生的小说理念。而这部《空山》，我认为，它是迄今中国作家书写藏地生活、表现生命韧性和存在奥义的典范之作。这里倾注了阿来最本真的心性和智慧。

前面曾经提及，阿来的六卷《空山》是陆陆续续在几年内完成的。在写作这篇文字之前，我也是在两三年的时间里，断断续续地读完这部多卷本的长篇小说的。应该说，阅读这部小说的过程，是一个饶有兴味的边读边等的满怀期待的过程。这不由得使我想起二三十年代中国文学不切边的毛边本书。不切边的毛边本，阅读时不厌其烦的边裁边读，不仅对阅读者的耐心和时间而言，是一个巨大的心理考验，尤其毛边本有一种不可抗拒的参差美、朴拙美和自然之美，这也就生动地构成了书的内涵和个性化装帧的另类存在。因此，无论是《空山》这部作品的成书过程，还是小说的内在质地，都给人一种自然开阔、行云流水的浩然本色之气，显示出一种独特的精神建构和美学存在。

我相信，阿来一定是在他最好的精神状态下，用尽心力来写作这部小说的。因为，我们在阅读中会慢慢地体悟和发现，他在这种并不十分连贯的持续性的写作过程里，他在素朴、自然和单纯的叙述中，潜在地谋求典雅与精致，在浑厚，甚至带有丝丝缕缕的生活的粗糙毛面中，渗透、发散出品质上的本色质感和境界的空灵、无羁和自由。貌似松散、开放、不严谨的情节结构形态，实则具有充分的、内在有机的严密，其中深藏虚构的玄机。情节、细节、人物的"动作"，缠绕纠结、纵横交织，流溢着不加掩饰的生气，甚至常常呼啸而来，绵延而去。他还善于适时地扭转结构的"乾坤"，笔法从容、独立工整、意绪整饬、"化腐朽为神奇"，形成阿来独特的"空山"式文体风格。具体地进入《空山》的世界，那细腻入微的生活细节，文字和结构的朴拙，叙述几近无技巧的自然状态，没有雕琢痕迹的率性而为，细腻真切，让人感受到对藏地文化的亲近和思考。简言之，阿来一上手就找到了属于自己的内容和形式，显示出一种特立独行的精神气度。

《空山》的写作，在很多处还颇具有"元叙事"意味。

在一定意义上讲，《空山》的写作，也是阿来一次异常沉静的写作。特别是在我读到《空山》的卷三《达瑟与达戈》时，他让我感觉到一个藏族作家浑厚沉实的心态和文化尊严，他对不同于自己生活和选择的人们满怀着充分的尊重和敬畏，包括他对现实、存在的想象方式。这一卷的起始和大部分的内容，是在美国印第安纳完成的，这时，他已经在异国的广袤乡村和乡野，深切地感受了那里时代的文明和进步所带来的成果和冲击力。我想，这次行旅，必定在相当大的程度上改变和影响了《空山》写作既有的一些设想。这样，我似乎也渐渐明白了阿来为何选择在这里开始《达瑟与达戈》的写作。文明和知识，人类社会的发展进步，与传统技能之间存在有错综复杂的微妙联系，对于写作者阿来而言，在这个情境中，美国与中国的文化地气一定得到了某种神秘的联系和沟通。所以，阿来在这一卷的开头，满怀深情地表述了他写作达瑟这个故事的情感、精神动力。也许，这个故事中的主人公与阿来生活中所熟悉的原型太接近了，阿来也希望在小说和生活之间，建立起某种无须任何中介的直接联系，让他们一同起到打动人心的作用。所以，我们在后面的《轻雷》和《空山》两卷里，看到阿来已经基本上从回忆，转而遁入到无法抽身的现实当中，以致使叙述略显急促和紧张起来。有意味的是，"我"作为在小说中时隐时现的"第三者"，不仅是"机村"的一员或"叙述人"，还不时扮演凌空蹈虚的"布道者""写作者"，穿针引线，即来即去，率性地游走。我们也由此意识到，在行文中已经难有任何东西，能够掩饰阿来保存至今、无法更改的诗人习惯。

纵观各卷，"随风飘散""天火""荒芜""轻雷"和"空山"，无不是隐含深意的重要意象。风与火之后的荒芜，既是物质性的也是精神性的暗喻，而轻雷的消逝，就是空山变异的前奏，而空山之后的样貌不是喧嚣便是沉寂。这必定是阿来不经意中创造的抒情文本逻辑。也可以说，这是创作主体的有限的感性，在痛楚的想象中极为容易升至超越俗世的无限的神性。加之，大爱和大恨，在机村的经验世界里显现出诗意般的神性的光彩，因此，阿来的文字和叙述就变得起伏跌宕、熠熠生辉。所以，我们说，情感、意境、哲理只有在纯粹、浓郁的艺术氛围中才能得到高度和谐的统一。

还有，小说中的魔幻色彩也在一定程度上给作品涂抹出虚实相生、传奇性的文本特征，广袤而神秘。这同样是不可抗拒的想象的力量。对一个作家而言，虚构的能力会在相当大的程度上影响写作的成败。小说中，人与熊之间的故事，明显的超现实主义特征和魔幻化表现，自然而真切，存在的真实与象征的幻觉结合得几无痕迹。无来由的天火，也仿佛上苍对于人类的一场灵魂测试。也许，魔幻化是一种表现人的意志力的艺术，它的动力之源无疑是爱，因为只有爱才能激发出行动的意志和勇气。这也同样表现为诗性的深邃。也许在这里，我们能够触摸到魔幻现实主义鼻祖马尔克斯的情境，文本偶尔还会隐约地浮现出浪漫主义大师梅里美和艾特马托夫的影子，有时还会感觉到卡尔维诺眺望生活的方式。但这些，似乎都并不十分重要，重要的是，阿来早已超越了任何形式的边界，对存在世界所做出的，是诗性的唤醒。这其中虽不乏虚构文本的叙述形式意味，但在那些神秘的场景背后，又有多少重要的精神细节，需要我们去耐心地推敲和查验，并得到有价值的情感延伸。

面对孤独的村庄，孤独的任性的人类，没有谁可以开出存在与生命的绝佳途径。个人的与民族的，甚至全人类沉重的选择，意义或价值的追寻，都在一代代人生生不息、前赴后继的艰辛和苦难中经历着历史的无情考量。近些年，我们在更多的时候，或许更为重视和习惯以思辨的、抽象的、纯理智的去架构存在的法则和策略，去做社会学的、政治学的、经济学的、伦理学，甚至心理学、军事学的实证性分析，而却很少从美学的、精神的、虚构的层面或视角，进行想象式的直觉解悟，从而在时代的不断的刺激中，正视"存在的"现实，触摸生命、触摸人生、直抵肝胆，真切地把人类自己生命的核心部分展露出来。阿来以他的想象性叙事，以他"空山"的大意象，从一个文化的、文学的视域，来爬梳人类的日常生活。这恐怕不单单是让我们认可这些虚构故事的真实性，以及存在、现实与虚构之间的距离，重要的是，他还是想启发我们，用心地想象并审视一下我们共同拥有的这个时代及其可能拥有的，依然还能够属于我们的未来。也许，在这个时候，我们就会在这部《空山》中看到更加清晰的、孤独人类的影像。

神话重述在历史的终点

—— 论阿来的《格萨尔王》

在阿来这部《格萨尔王》问世之前，苏童的《碧奴》、叶兆言的《后羿》，还有李锐的《人间》，已在国内拉开了"重述神话"的序幕，让我们在这个日益物质化的时代，重新感受到遥远的神性召唤，遥远而浪漫的神话再度走进我们的文化视野。正如荣格所说，当历史结束时，神话开始了。的确，当统一在现代科学根基之上的思维定式和话语权威面对人类生存的困境、人性的堕落显得那样捉襟见肘之际，或许神话英雄会让我们以新的目光洞察世界的本质所在。

正是在这样的文化语境中，阿来的《格萨尔王》引领着我们返回到那个"家马与野马刚刚分开"的后蒙昧时代，在史诗般的恢宏中，以一种新的话语方式为我们提供了一种重新审视历史、解读人性的可能。

一

相对于《碧奴》《后羿》和《人间》，《格萨尔王》对原型神话的重述在某种程度上显得更有难度。前者的原型神话多为篇幅较短的神话故事或民间传说，后者却是传承着重要历史内容的鸿篇巨制。作为世界上最长的史诗，《格萨尔王传》在一代又一代民间说唱者的口口相传中，演绎了包括文学、美术、宗教、音乐、战争、生产、生活等藏民族的画卷。资料的浩瀚带来的是整理与取舍的难度，同时也在一定的层面束缚着创作自由度的发挥。阿来对格萨尔王神话的重述，走的是与苏童、叶兆言、李锐完全不同的另一条路径。苏童等作家的"重述"是对原型神话彻底的颠覆，在相对的"解构"中完成了新叙事话语的建立。阿来似乎是刻意要另辟蹊径，他说："我觉得重述神话，大家都在做同一个项目，应该不要互相影响，彼此也应该有不同的重述方式。颠覆性的改变是一种重述方式，但不是唯一的重述方式。"①因此，在阿来的《格萨尔王》中，我们看到的更多是承继而不是颠覆。

阿来说，他之所以要写这部小说，就是想要打破西藏所谓的神秘感，让人们从更平实的生活入手，从更严肃的历史入手来了解藏

---

① 阿来：《想借助〈格萨尔王〉表达敬意》，载《信息时报》，2009-10-13。

族人，而不是过于依赖如今流行的那些过于符号化的系统。^①格萨尔王作为一个神话原型，不仅是藏民族民间文化的投影，同时也是藏传佛教文化的隐喻载体。这就使得格萨尔王这一形象具有了超越个人和承载民族文化的原型品质。由此，在这部"让你读懂西藏人眼神的书"中，我们仿佛穿过蜿蜒的时光隧道，目睹了西藏的民情风俗、地域文化和宗教信仰。正如阿来所说："对于很多人，西藏是一个形容词，因为大家不愿意把西藏当成一个真实的存在，在他们的眼里，西藏成了一个象征，成了一种抽象的存在。我写《尘埃落定》、写《格萨尔王》就是要告诉大家一个真实的西藏，要让大家对西藏的理解不只停留在雪山、高原和布达拉宫，还要能读懂西藏人的眼神。"^②我想，这是阿来创作《格萨尔王》最原始的初衷和最宏大的理想。

翻开《格萨尔王》，神子降生、赛马称王、雄狮归天，三段式框架明显地镌刻着民间史诗的印记。英雄从天界接受使命降生人间；在人间降妖伏魔、建功立业；功成身退，返回天界。这种传记体的英雄史诗写作范式，使我们可以方向清晰地去踏寻格萨尔王的人生足迹，并由此触摸到藏民族文化的精神印记。

在格萨尔王的成长历程中，折射出了藏民族的民间文化认同。

---

① 西藏商报：《〈格萨尔王〉：阿来重述"东方荷马史诗"》，载人民网，http://xz.people.com.cn/GB/139192/10047253.html，2009-09-13。

② 新民周刊：《阿来新书〈格萨尔王〉还原真实西藏》，载新浪网，http://news.sina.com.cn/c/cul/sd/2009-09-16/154718663907.shtml，2009-09-16。

弗洛伊德曾提出著名的"投射理论"，他认为人总是将自己的主观意愿投射到外在的某种超自然的人物或观念之上，以构成自己崇拜的对象，也就是说，内在的情感取向、道德认知、理性判断等发生了外化，这是生命个体内在世界对外在世界的投射。正是在这样的投射中积聚了人的内心中最强烈的期待。可以说，格萨尔王的成长投射出了藏民心目中一个男人成长的理想之路。对于游牧民族的男性来说，恶劣的生活环境要求他们从小就要练就一身高强的武艺，而马术的精湛更是作为一个杰出男性所必需的条件。因此，年幼的格萨尔在赛马中巧妙地战胜了晁通，在征战中成就高尚的德行和情操，这些从个体发生的角度来看，无疑是每一个男性藏民自我塑造的完美模式。而作为天神下凡的格萨尔王，其与生俱来的四种高尚美德：仁爱、节俭、从容、有礼，更是在集体的经验层面体现出了藏民族的整体文化认同。在这一点上，格萨尔王可以说是藏民族的民族灵魂、民族精神和民族高贵品质的投射，并成为藏民族集体潜意识中的神话原型。荣格说："一种原型的力量，无论是采取直接体验的形式还是通过叙述语言表达出来，之所以能激动我们是因为它发出了比我们自己的声音强烈得多的声音。谁讲到了原始意象谁就道出了1000个人的声音，可以使人心醉神迷，为之倾倒。这便是伟大艺术的奥秘，是它对我们产生影响的秘密。"[①]正是在这一

---

① 冯川：《神话人格——荣格》，长江文艺出版社1996年版。

点上，阿来的《格萨尔王》为我们谱写了实际上是一部自传体的民族志。①

　　格萨尔王作为历史上一个真实的人，他在时间的洗礼中，不断被冲刷洗涤为一个超越于人类的神性英雄，并最终蜕变为一个神话原型。这一形象除了承载着民族意志的宏大载体，还肩负着弘扬佛教文化的使命。实际上，藏族文化可以看作是藏传佛教文化，如果抽出了佛教的内容，藏族文化的认同几乎就不存在了。格萨尔王的人生使命就是从天界来到人间降魔除怪，这是神的使命。因此，在他下凡之际，释迦牟尼、毗卢遮那佛、喜现佛、宝生佛、阿弥陀佛、不空成就佛以及莲花生大师等神佛，都将自己的福德与法力传递给了他，因此，在格萨尔王的身上实际上隐含了诸多神佛的原型。他的下凡并不意味着简单的生死轮回，而是预示着一位菩萨转世为人间的英雄，带着浓郁的宗教色彩。格萨尔王的形象让我们看到了藏民族文化中对藏传佛教认同的完整性。在这里，历史上格萨尔王的真实性已经变得不再重要，历史的记忆在神话的表述中转换为宗教的光辉。

　　佛教义理强调"头目脑髓皆可施舍于人"的高度自我牺牲精神。这种精神不仅是积累功德、获善报的重要业因，更重要的是大乘菩萨道的重要修持内容。这种精神像一条永不停息、涌动的命

---

① 郁丹：《英雄、神话和隐喻：格萨尔王作为藏族民间认同和佛教原型》，载《西北民族研究》，2009年第2期，第124–135页。

脉，贯穿在格萨尔王的一生之中。他的降生带着大无畏的悲壮情怀，他自动结束了自己在天界的寿命，降临在苦难的人间。他一生的努力就是降服魔怪，并把智慧传送给迷障苦厄中的大众，帮助他们觉悟，脱离苦海。当他即将返回天界的时候，这种自我牺牲精神依然在动人处闪光。在《格萨尔王》的篇末，格萨尔王两度进入地狱。一次是为搭救妻子阿达娜姆。这位魔国公主因杀戮太多，造孽深重，死后被下入地狱。这一情节安排完全取自民间史诗，带有一定的劝善惩恶的教化意蕴。但我认为，阿来在小说中安排这一情节，远远不止于教化，他重在表现一种"我不下地狱，谁下地狱"的无私无畏的宗教情结。尤其是格萨尔在第二次入地狱救母时，他质问阎王："你这个是非不分的阎王，我母亲一生慈悲怜悯，你竟然把她也下到了地狱！"阎王回答说："威震人间的雄狮大王，虽说你是领天命下界斩妖除魔，并不能因此消弭你杀戮的罪孽，再说，哪一次战争不误伤众生，使百姓流离失所？……因果循环，只好让你母亲代你受过！"这里，虽然依然强化了因果报应的逻辑，强调一个人此生的行为不仅会为来世也会为他所爱的人播下隐患的种子，但更多的却让我们感受到地藏王菩萨所说的"地狱未空，誓不成佛"的气度，这种以最惨烈的方式去普度众生的自我牺牲精神，可以说是藏传佛教文化中最熠熠生辉的地方。

《格萨尔王》中的许多意象都蕴含着丰厚的佛教文化理念，比如"虹"可以说是贯穿在全书始终的一个意象，它总是作为菩萨、神佛的绚烂背景而出现。在佛教中，"虹身"是修行圆满的标志，很多佛教故事都有过高僧圆寂时化为虹身的讲述。与其他宗教的终极意义不同，佛教的终极归宿在于个体性的彻底解脱。这种解脱不是进入极乐世界，而是依靠个人的觉悟超越生死轮回，以达到无限自由的涅槃境界。这实际上满足了人类心中无法泯灭的自由情结。在西方宗教中，人永远不可能成为上帝，但在佛教中人却可以升腾为佛。此时的人便永远地脱离了肉眼凡胎，而化为了没有物质载体的光彩四溢的"虹"。"虹身"是生命进化的最高形式，生命也就达到了无限的自由。由此，鼓励人们斩断一切不善，成就涅槃功德。《格萨尔王》中格萨尔王的兄长嘉察协噶，可以说就是由人到神的一个精神典范。他仁厚善良，当所有人听信了晁通的谎言对年幼的弟弟打击迫害时，只有他坚定地站在格萨尔王这一边，表现出充分的信任和支持；对于岭国他无限忠诚，无论在任何情况下，他都将岭国的利益放在最重要的位置；带兵打仗，他勇敢智慧，有着卓越的管理能力和军事天才。尤为可贵的是，当杀死他的敌国将领辛巴麦汝泽投奔了岭国，并成为捍卫岭国的勇士时，他以虹身显灵在危难之际挽救了辛巴麦汝泽的生命。"虹身"突破了死亡的佛性悟证，而以诗性的逻辑想象完成了成佛与未觉、精神与肉体、善与恶、生与死等二元性的消解，由此我们看到了超越于人性局限的神性光辉，生命进入了无可限量的自由，超越了历史和终结，走向了永恒。

《格萨尔王》这部自传体的民族志，不仅在神性英雄的身上折射出佛教文化的民族认同，还以浪漫的笔法描摹出宗教文化的历史发展轨迹。在这里，神话作为另一种解读历史的方式，回溯了佛教与苯教这两种宗教既相互斗争又相互整合的发展历史。《格萨尔王》中描绘的几次大的战役几乎都表现出了佛、苯两教之间的争斗。以"泛神论"为根基的苯教信奉"万物有灵"，因此，一些妖魔中的"精英"多为怪兽所变。由三只螃蟹脱化成的九头旱獭，其中的四个头因为发下"来生变为佛法的仇敌、众生命运的主宰者"这样强烈的祈愿，而变作北方鲁赞王、霍尔白账王、姜国萨当王、门国辛迟王这些危害四方的四大魔王。在与北方鲁赞王的战斗中，格萨尔"弄干寄魂血，砍断寄魂树，射死了寄魂牛"，最终杀死了作恶多端的魔王。门岭之战中，格萨尔射死了辛赤王的寄魂之物——九头毒蝎，征服了失去能量的辛赤王。这种带有强烈灵魂崇拜色彩的寄魂现象，是原始苯教的主要特征。苯教徒认为，不同的人有不同的命根，这就是灵魂，它寄托在不同的自然物之上。要想制服仇敌，必须先除掉寄魂物。而靠占卜求卦、念咒法术来降服敌人的战术方法，同样也是苯教所信奉的。于是，每一次战役，格萨尔王的敌对方几乎都会使用巫术，但每一次巫术在来自上天的佛光普照之下都会黯然失色。值得注意的是，岭国及格萨尔王本人信奉的佛教也带着些许苯教色彩，格萨尔王在破解敌方巫术时，自己也时常使用巫术。佛教和苯教正是在这样的消长和交融中，完成了历史的进程。

可以这样讲，格萨尔王作为一个史诗中的民间英雄，在代代相传的叙述和回忆中，他早已投射为藏民族民间文化和民族文化的复合体。阿来正是通过他的重述，让我们看到了一个民族的民间信仰和民族意识。在阿来的重述中，时间已经被定格，过去的民族英雄被召唤到现在，而这种召唤的现实意义，无疑是增强了今天藏民族的群体认同。作为一个带有鲜明宗教色彩的隐喻形象，格萨尔王征战南北的一生演绎了藏传佛教的转化和发展历程。作为一个神话英雄的理想范本，格萨尔王把我们带向了佛教超验的高度，让我们看到奉献、牺牲、自由与永恒。这些超越于世俗的精神追求，赋予我们克服人性弱点的勇气，成为一个人格完整的个体。从这个角度来看，阿来的重述如同一种启蒙仪式，引领着我们回归到遥远而神圣的生命观照领域。

二

我注意到，阿来的创作目光总是聚焦在宏大主题之上的。从《尘埃落定》到《空山》，再到《格萨尔王》，我们都能够看到阿来在反复言说着历史、人性、命运这样大气恢宏的话题。如果说《尘埃落定》和《空山》是试图熨烫历史的褶皱以揭示一种真实，那么《格萨尔王》则从更为遥远的起点演绎了一部关于英雄的传奇。

在《格萨尔王》中，阿来设置了两条线索交错推进，一条以史诗《格萨尔王》故事为底本，回溯了传奇英雄的成长与人生；另一条围绕当代说唱艺人晋美展开。这就使我们的目光在远古神话与现实世界之间不断腾挪，正是晋美浪迹天涯的讲述生活，不断把我们从遥远国度的神圣和瑰丽中拉回到触手可及的现实。阿来仿佛是刻意地反复告诉他的读者，与我们同处在一个时空中的晋美正在讲述那个辉煌的激动人心的故事。于是，这种讲述便难免打上了深深的时代印记。恰如阿来所说："晋美的存在实际上为读者提供了今人的视角。通过晋美梦里梦外的讲述，让小说既有过去的线索，也有今天的线索，一前一后，就让两条线索之间的藏族社会生活现实有了对比，也能让小说中的宏大叙事与细致的心理刻画水乳交融，既富有民族性格，同时也不乏时代精神。"①

在阿来的笔下，格萨尔王这一形象的塑造除了具有投射藏族民间文化和宗教文化的原型功能之外，同时还言说着我们时代的主题。作为天界的神子崔巴葛瓦，他将高尚、仁慈、智慧、勇敢等一切美德集于一身。他带着拯救人类的英雄使命来到人间。可是，天堂与人间是如此的不同。在神子下凡之前，岭葛就是一个被妖风笼罩的地域。"妖风一吹起来，晴朗的天空就布满了阴云，牧场上的

---

① 阿来：《想借助〈格萨尔王〉表达敬意》，载《信息时报》，2009-10-13。

青草在风中枯黄。更可怕的是，善良的人们露出邪恶的面目，再也不能平和友爱。于是，刀兵四起，呼唤征战与死亡的角号响彻了草原与雪山。"妖风不仅腐蚀了普通的人心，连格萨尔王这位来自天界的英雄似乎也未能幸免。他在天界是英俊的神子崔巴葛瓦，下到凡间却变成了丑陋的觉如，容貌的转变如同一个明了的隐喻，预示着神性的隐遁和人性的彰显，而人性又是丑陋的。从崔巴葛瓦降临人世的那一天起，他便在人性与神性之间努力抗争，即使如此，人性的丑在他身上依然不断地闪回。神降的使命是让他除妖降怪，可是当他把"那么多狐狸尸体，把血肉、腹腔里的污物、脑浆四处抛洒。他把绿色的肠子盘结出很多花样悬挂在树上，甚至悬挂在自家的帐房门上。血腥之气立即就把所有食物都淹没了"。血腥和残忍使降魔失去了意义，难怪观音菩萨指责他说："我不是说你不该杀死它们，但你不该杀得如此兴起，像商人看见金子一样喜欢。"我想，在阿来看来，或许战争是无所谓正义与非正义的，因为杀戮本身就是与"善"背道而驰的。人性中隐匿的残暴总是在貌似替天行道的征战杀戮中得以张扬，战争无论怎样精彩也无法谱写出人性的美好。格萨尔王毕生的夙愿是："让我把仗打完，把敌国都消灭干净，以后，岭国的人就可以安享太平了。"然而，当所有的妖魔鬼怪都已除去，岭国的人们并没有因此而获得预期的幸福。格萨尔王本人也遁入了从未有过的虚无和困惑之中。他不明白的是："该为百姓散尽财宝，还是继续锻造锋锐无敌的兵器"，为什么"打开了那么多敌国的宝库，却还有那么多百姓流离失所"？更重要的是，作为天神，他似乎永远也无法明了如何去消灭"从人心里自然滋长"出的魔鬼，而实际上这才是万恶之源。由此，英雄的使命似乎变成了一个伪命题。战争和杀戮永远都不是解决人类终极问题的有效方式。或许在一些历史时期，战争是推动历史进程的唯一方式，但是，战争沉淀下来的依然是血腥和残暴。英雄与大众的渴望是不同的，前者是建功立业，后者是平安。在这一对悖论中，格萨尔王终于意识到"我不离开，好像战争就不会停止"。在这里，英雄成了催生战争的元素，而战争所能解决的只是暂时的争端，它永远也无法触及人类的终极目的。

《格萨尔王》的书写，始终游走于现实与虚幻的交错之中，一方面我们抬头就能够仰望到那个充溢着高尚精神的宗教世界，另一方面，阿来也始终未让我们离开我们普遍生存的现实空间。不同于正义与邪恶界域分明的神话叙事模式，《格萨尔王》的重述彰显出人性普遍的混沌、阴暗的一面，让我们看到了一个更具现实意味的世界。贯穿全书的反面人物晁通自不必说，阴险、恶毒、狡诈等所有恶劣的人性在他身上得以聚焦。而其余的正面形象并没有单色调地呈现神话世界里的瑰丽色彩，神话原型中的神性隐遁在了凡俗男女的具象生活之中。王后珠牡没有母仪天下的气度和尊贵，虽然在众妃嫔中她总是能得到更多的怜爱，但是妒忌的烈焰依然燃烧在她的心中。她的妒忌带来了战争、死亡与苦难。为此，梅萨被北方的魔王鲁赞抢去，格萨尔也失去了与爱妃阿达娜姆最后相见的机会。同样，梅萨这位格萨尔王宠爱的妃子，为了得到专宠，在霍尔国大兵压境时，将前来报信的喜鹊射死，又用健忘酒迷惑了格萨尔王的心智，导致珠牡被掳，引发了岭国与霍尔人的大战，刀兵相见，血流成河。即使是"大神"这位天界的领袖，作为"果"的最后"因"也有昏聩的时候，他明知下界百姓被妖风愁云所笼罩而无计可施，却依然犹豫迟缓不派神灵下界去拯救人类，说出"等也是白等，但还是等等吧"这样昏庸的话来。而莲花生大师也难免会有"当他将来成了神。那些吉祥结落地之处，都将成为涌现圣迹的地方"这样充满私欲的俗念。在这里阿来没有掩饰他对人性的悲观和失望，因而，在神话世界的镜像观照中，人性的堕落得到了又一次的放大。

长久以来，有关人性的探讨之所以成为我们这个时代的焦点话题，是因为由科学逻各斯主义孕育出的逻辑精神和科学理性早已固化了我们的思维模式。这种以事实为依据，以实践为核心，以实用为目的的思维模式，为我们营造了一个物质极大丰富的逻各斯文明。现代技术孜孜不倦地拓展着人类生活的深度和广度，以不断创新的产品，让人生活在比以往任何时代都要丰富多元的感受和体验之中，全方位地提升了我们的生活品质。然而，在精神层面，逻各斯主义却显得捉襟见肘，我们的精神仍止步于轴心时代，人性并没有随着物质文明的发展而有所改善。相反，奥斯威辛集中营的罪恶、广岛和长崎上空的蘑菇云、古拉格群岛的灾难……无数次见证了人性的沦丧。正像《格萨尔王》中所描绘的：人之外的任何妖魔都是能够铲除的，但是人心内的"心魔"却是无法根除的。我想，妖魔作为一种叙事的能指，其所指应该是人类发展进程中一切外在的障碍。这样一个日益被"心魔"控制的时代需要英雄去拯救。但是，现代逻各斯中心的强权话语又往往使英雄失语。可以说，这是一个没有英雄的时代。这一情形，使我想到了人们对爱比米修斯的遗忘。"（爱比米修斯）同时是一个被遗忘者，他被形而上学、被思想所遗忘。如果思想本身作为一种遗忘，那么它就是遗忘的被遗忘者。每当人们谈论普罗米修斯时，总是忘记了以爱比米修斯为象征的遗忘：总是迟到的真理。"①爱比米修斯的遗忘是人类先天的本能缺失，正是有了爱比米修斯的遗忘，才成全了普罗米修斯的英雄伟业。或许我们可以这样认为，英雄是无法拯救人类的，若想挽救人性只有靠我们自己，那就是穿越种种外在的遮蔽，返回到我们的内心，去寻找那种最真实的存在。也许这种存在本身就带着先天的缺陷，而正是这一先天的缺口，才能打开我们的心扉，放出心魔，踏上一条真正的自救之路。

---

① [法]贝尔纳·斯蒂格勒：《技术与时间——爱比米修斯的过失》，译林出版社2000年版，第218-219页。

三

　　从根本上说，文本内容与形式辩证运动所产生的艺术张力大小，是衡量一部文学作品好坏的重要指标。任何好的文学作品都会将这种张力保持在一个最稳定的平衡点之上。就《格萨尔王》而言，这种互动性张力的综合评价指数就是诗意。张学昕在谈到阿来小说时曾说："他的小说虽以平易取胜，但积淀着浓郁的诗意。那些深邃的道理，都埋藏在形而下的素描之中。"①《尘埃落定》的浪漫与传奇，《空山》中寓言式的建构与恢宏的气势，无不透出一股强烈的诗学力量。而他的短篇小说更是在轻逸的虚幻和厚实的朴拙中引申出无尽的诗意。尽管如此，我仍然认为，在阿来所有的作品中，《格萨尔王》可以说是最富有诗意的一部。这一方面是由于这部小说取材于史诗；另一方面，也是"阿来元素"在其创作中的延续。正如阿来所说："如果文学第一放弃情感，第二个放弃情绪上的、语言上的诗意，文学就没有存在的价值了。"②与世界上其他民族的史诗相比，藏民族的史诗《格萨尔王》似乎富有更多的浪漫色彩。据说，史诗在流传中，那些被称为"仲肯"的说书艺人，是通

---

① 张学昕：《朴拙的诗意——阿来短篇小说论》，载《当代作家评论》，2009年第1期，第40-45页。

② 梁海：《"小说是这样一种庄重典雅的精神建筑"——作家阿来访谈录》，载《当代文坛》，2009年第2期，第24-27页。

过"神授"或者"托梦"获得诗句的。他们往往因为梦中见到格萨尔王或者他的大将，受命传播格萨尔王的功绩，他们从梦中醒来就能够说唱这部长篇史诗了。这种靠梦来完成的人与神之间的沟通，本身就是一种神秘而瑰奇的叙说。我想，阿来正是为了使这部小说能够最大程度地保留"活史诗"的美学风貌，他明显引入了民间史诗的诸多元素。题材的选择、结构的安排、叙述的风格，以及大量口传文学的穿插，都在很大程度上保持了口传史诗的原貌。比如，格萨尔在归天之际，他作歌而唱：

> 大鹏老鸟要高飞，
> 是因为雏鹏双翅已强健了。
> 雪山老狮要远走，
> 是小狮的爪牙已锋利了。
> 十五的月亮要西沉，
> 是东方的太阳升起来了。

这充满了原汁原味的诗句，仿佛让我们听到了千百年来西藏大地上回荡的英雄史诗。在浓郁的诗意中，我们回归到了那个英雄时代，去体味似乎早已被我们忘却的高贵和神圣。从审美期待视野来看，这样的叙写也最大程度地尊重了藏民族的审美习惯和审美心理。恰如姚斯所说："只有当作品的延续不再从生产主体思考，而从消费主体方面思考，即从作者与公众相联系的方面思考时，才能写出一部文学和艺术的历史。"①

　　不仅如此，《格萨尔王》还吸纳了民间史诗的叙事模式。在中国少数民族的三大英雄史诗《格萨尔王》《玛纳斯》和《江格尔》中，我们看到都有着基本相似的叙事模式。英雄都有着非同凡响的出生；苦难的童年；从小便失去父亲的庇护；成长过程惊人地迅速；英雄周围总是被美女所环绕，但英雄总有一个挚爱的女人；英雄的结局是功成身退。阿来在《格萨尔王》中，明显地考虑了上述叙事要素的存在。作为天降的神子，格萨尔王觉如在降生时自然带着强烈的灵异色彩："这个儿子生下地来，就跟三岁的孩子一般身量。这是冬天，天空中却响起了雷声，降下了花雨。百姓们看见彩云围绕在她生产的帐房。"觉如的童年，经历了磨难的历练，因为变化多端的妖魔们无法被人们的肉眼凡胎所识别，于是，觉如的杀戮就成了滥杀无辜。幼小的觉如被误解、质疑、唾骂，最终被放逐，在屈辱中与母亲远走他乡。而觉如又是一个从小失去父爱的孩子。人间的代父森伦没有庇护他的能力。而这仿佛也是英雄命中的注定。他卓越的能力使他无须父爱的滋养也能够顶天立地，从这个角度来看，英雄父亲的归隐也就成了一种必然，似乎只有这样才能更加凸现英雄头上的光环。虽然没有父爱，但觉如的成长依然是

---

① [美]霍拉勃：《接受理论》，见《接受美学与接受理论》，辽宁人民出版社1987年版，第371页。

惊人的。他刚出生就有三岁孩子一样的身量；刚满五岁，身量已与二十岁相当；十二岁赛马得胜，获格萨尔王称号，并由此获得了部族中最美丽的女孩珠牡的芳心。聪慧善良的珠牡成为日后格萨尔王最宠爱的王后，陪伴着格萨尔王征战南北。在文本的尾声中，阿来同样依循了民间史诗的结局，让格萨尔王在完成降魔除怪的历史使命后，回归天庭。

可以说，正是因为叙事建构在民间史诗的基础上，才使《格萨尔王》散发出了那种浓郁的诗意。或许，也只有史诗才能将远古与现代、神圣与世俗、宗教与现实链接在一起，在另一个我们曾经熟悉现在却异常陌生的时空里，上演一出出永恒与不朽的悲喜剧，恣意炫示着那种我们久违的神性的诗意。特别是，阿来笔下富有音乐感的语言、色调的绚烂纷呈以及语境的奇谲诡异都让我们明显感受到神话世界释放出的华丽与浪漫。那些浩瀚壮阔的原生态自然；祥云环绕、佛光四溢、充满了福德与法力的遥远天界；战角嘹亮、刀光剑影、红光铁衣的古战场；阴霾晦涩、黑雾弥漫、妖气浮动的魔界，无不让我们在镜像的观照中了解人性。穿越天上地下的层峦叠嶂，乘风飞行，在超验的境界中驰骋和翱翔，由此在诗意中脱离存在世界的迷魅，而进入生命更崇高的存在样式。书中人物的刻画同样是闪耀着诗意的光辉。虽然人性的弱点在他们的身上并无遮掩，但在他们的人生路径中，情感被复现得如此单纯，爱与恨、正义与邪恶、勇敢与懦弱、善良与残暴，在两个极点相互对抗，由此，历史的轨迹通透而光亮，一切都按照神的旨意向着正确的方向前行。从格萨尔王降临人间的那一天起，人性的弱点就不可避免地缠绕在他的身上，于是，他背井离乡，征战南北，降妖除魔，征服险恶的高山，穿越毒气弥散的森林，这个过程恰是一个旧我死去、新我复活的仪式，由此他获得了崭新的洞察力、慈悲博爱的胸怀以及高尚、忘我、无私的英雄气质。因此，在《格萨尔王》的文本阅读中，我们所为之震撼的，不是那些在神话传说中无数次重复的正义战胜邪恶的故事，而是对一次在超验的维度中开始的精神远征和探险的兴奋与迷狂。所以说，格萨尔王不仅仅是一个由天界下凡的英雄，他更多的是一个能够不断反思，不断超越的精神领袖。这也是文本中最动人心魄的力量，为当今陷落在精神真空时代的、焦虑的人们点燃起充满诗意光辉的希望。

神话作为人类童年的遥远记忆，不仅以其诗性智慧构建起了人类的文化基因，而且也为人类标识出了返归自身的航标，这也是人类不断重述神话的一个重要原因。正如种子的死亡是为了收获到丰腴的麦粒，神话以远逝的英雄时代为现代人做了神圣的精神修剪，使我们复苏了那实际上从未丧失过的神性的生命观照。凯伦·阿姆斯特朗在她的《神话简史》中提到："一个神话的成败并不以给出多少事实为凭据，最重要的是它能否指导人们的言行举止。它的真理价值必须要在实践中得以揭示——无论是仪式性的还是伦理性的。如果它被视为纯粹理性的假说，那么，它将离人类日渐遥远，而且变得越来越难以置信。"①阿来在他的重述神话中，让我们回溯历史的轨迹，走在"编年体"之外的另一个空间去触摸藏民族民间文化的印记，并用现代性来观照、反思人性的复杂。更为重要的是，他凭借神话的转化功能，帮助我们穿越生命的痛苦之旅，来到一个充满诗意的空间，让我们用不同的眼光，去反观这个现实世界，洞察自己的内心，以更为平常、平等、平衡的精神状态和心理状态，在诗意的维度中去追求一种精神的永恒。或许，这也是我们这个越来越物欲化的时代最需要的神性关怀。

---

① [英]凯伦·阿姆斯特朗：《神话简史》，重庆出版社2005年版，第24–25页。

我们的灵魂需要美感

——读阿来长篇小说《云中记》

一

阿来的《云中记》，一部以汶川地震为背景的长篇小说，创作于2018年，此时，汶川地震已经过去了十年。其实，灾难发生之时，许多文字随即发生。不仅仅是及时性的新闻，还有很多文学作品。人们迫不及待地用手中的笔记录这场人类历史上惨痛的灾难。其中，有对灾难的纪实性描述；对党和政府抗震救灾的歌颂；对民间和国际人道主义救援的正能量精神的弘扬；对坚持不懈奇迹生还的励志书写。尽管这些作品展现了波澜壮阔的一曲曲人类抗灾救灾的英雄赞歌，在灾难发生的那些岁月里，也的确起到了鼓舞人心的作用；然而，当我们在时间的抚慰下，抚平了心口的创痛，那些曾经长歌当哭的文字便显出稚嫩的色彩。在一定意义上，这也是灾难题材文学所面临的共性问题：从人类中心主义的角度，对自然灾难做伦理评判。灾难被作为恶的象征，这无疑让人类站在道德的至高点上。这一道德的"约定俗成"抹杀了非常态下我们表现灾难时应有的繁复多样以及人性的宽容，由此也影响到灾难文学表达的深刻性和持久性。从这一点来看，《云中记》显然是有所超越的。

我想，阿来之所以在十年之后，才去触碰这道地球的裂痕，也正是出于对不朽文字的追求。在谈到《云中记》的创作时，阿来曾说："那时（汶川地震），很多作家都开写地震题材，我也想写，但确实觉得无从着笔。一味写灾难，怕自己也有灾民心态。这种警惕发生在地震刚过不久，中国作协铁凝主席率一团作家来灾区采访，第一站就是到四川作协慰问四川作家。我突然意识到在全国人民眼中，四川人都是灾民。那我们写作地震题材的作品，会不会有意无意间带上点灾民心态，让人关照，让人同情？那时，报刊和网站约稿不断，但我始终无法提笔写作。苦难？是的，苦难深重。抗争？是的，许多抗争故事都可歌可泣。救助？救助的故事同样感人肺腑。但在新闻媒体高度发达的时代，这些新闻每时每刻都在即时传递。自己的文字又能在其中增加点什么？黑暗之中的希望之光？人性的苏醒与温度？有脉可循的家国情怀？说说容易，但要让文学之光不被现实吞没，真正实现的确困难。"[1]这是阿来的困惑，也足以让我们看到一位优秀作家的责任和担当。他将文学视为一项神

---

① 澎湃新闻官方账号：《〈云中记〉：汶川大地震十年后，作家阿来写下一个村庄的消失》，载《澎湃新闻》，https://baijiahao.baidu.com/s?id=1635041578747311264&wfr=spider&for=pc，2019-05-31。

圣的事业，要让文学之光照亮现实的困境。所以，他没有以与时间赛跑的速度去扫描苦难，而是在时间的沉淀中，去寻找埋藏在那些长长的地质裂缝里的残骸，提取其中生命的DNA，让它们在废墟里绽放希望之花。在擦干眼泪后，去领悟死亡的意义，去发现苦难中生命最高贵的东西。

从《云中记》整个文本的叙事策略来看，汶川地震是一个向四下发散的中心内核，如同充满着暴力的震源，向外绵延出故事的整体结构。阿来显然内心对自然充满了敬畏，所以，他在描写这场自然灾难时，自然是以不以人类意志为转移的主体形象出现的。我们没有看到尸横遍野，血肉模糊，恸哭失声的惨景。地震给我们带来的是强烈的心灵震撼，我们感慨于自然的威力，感慨于我们无法控制的自然的律动："共同的回忆中，有一刻，那越来越大的，像是有无数辆拖拉机齐齐开进的轰隆声突然静止了。世界静止。接着，大地猛然下沉，一下，又一下，好像要把自己变成地球上最深的沉渊。而另一些人感到的不是下沉，而是上升。大地上蹿一下，又猛地上蹿一下，好像要把自己变成比阿吾塔毗还高的雪山。"在回忆起那个灾难的瞬间时，主人公阿巴的脑海中回旋着云中村古老史诗的唱段："大地不用手，把所有尘土扬起，大地不用手，把所有的石头砸下。大地没有嘴，用众生的嘴巴哭喊，大地没有眼睛，不想看见，不想看见！"这是千百年来，云中村人对自然、对大地的认识，表达了人与自然之间最原初、最直接的生存关系。人和自然不是一对矛盾冲突的对立体。相反，人和自然是一个有机的生命整体，这一整体中的万事万物相互联系，相互感应，相互渗透，人类无法操控自然。源自自然的律动，是人类无法干预的。所以，面对自然，我们就要心存敬畏。这是阿来的自然观，也是他创作这部地震题材小说的独特视角。在这样的视角下，阿来的笔墨是克制的，他没有过多地晕染伤痛，拒绝用"哀号、痛哭"等中国人惯常对待死亡的态度来书写死亡，而是寻找更庄重、更有尊严的方式，探寻生命的本质和意义。阿来说："世界上有很多令人伤心的事情，我们灵魂需要美感。"①正因为如此，阿来的书写跳出了灾难事件的时效性，表现出对超越性和终极性的审视。

当然，作为一个将人作为出发点，也是目的地的小说家，阿来不可能回避地震发生时的现状。他通过主人公阿巴的回忆，展现了地震过后抗震救灾的真实场面。阿巴的侄子仁钦在震后的第一天，冒着被满山滚石砸死的危险，赶到云中村。"他脑袋上缠着绷带，浮肿的脸上满是泥土。他的两只鞋都破了，乌黑的脚指头露在外面，走路一瘸一拐。"即使这样，他依然镇定指挥救援，直到"因为疲惫，因为悲伤，因为在从县城奔赴云中村的路上被飞石击伤头部，伤口发炎化脓而在废墟上昏倒"。在《云中记》中，还有许多

---

① 中国作家出版集团：《阿来〈云中记〉：一切从决定去汶川后开始》，载中国作家网，https：//baijiahao.baidu.com/s？id=1636154344494653048&wfr=spider&for=pc，2019-06-13。

这样动人的救灾场景，这样的描绘把我们带回到灾难现场，让我们聆听人类在与自然，与命运抗争中的壮烈赞歌。

> 直升机运来了解放军，运走了伤势最重的伤员。直升机运来了药品、罐头、方便面、瓶装水，运来了衣服和毯子，运来了装尸体的口袋和消毒药水。运来了帐篷。那么多东西，用都用不完。直升机运来了医生，运来了拿着喷雾器到处喷洒药水的防疫人员。
>
> 云中村历史上，从来没有这样子热闹，从来没有让人这样子心潮澎湃，这样子极度悲伤又极度欣喜。悲伤夹着欣喜，欣喜中夹缠着悲伤。①

面对自然灾难，唤起了人与人之间的患难亲情，"一方有难，八方支援"的激情鼓舞着人们度过艰难的岁月。而政府更是积极投入灾后的重建工作，修缮房屋，疏通水渠，修建道路……地质专家在考察中发现，"地震在后山上造成的那道裂缝非常致命。山体的重力作用会造成一个巨大的滑坡体，云中村就在这个滑坡体上，唯一的解决方案就是移民搬迁"。于是，整个云中村迅速搬迁了。新建设的移民村充满了现代文明的气息，"新居的水龙头一开，热水器呼呼喷吐天然气幽蓝的火苗"，村民学会了天天洗澡，开始了前所未有的新生活。

---

① 阿来：《云中记》，十月文艺出版社2019年版，第39页。

在我看来，阿来对于灾后重建、抗震救灾的现实书写，并非是像大多数灾难文学那样仅仅是去讴歌祖国、人民，最后去呈现一个空洞化的国家意识的情感认同。他没有去表现人定胜天的乐观主义和大团圆结局，没有让慷慨的激情和盲目的乐观压倒面对灾难应有的敬畏和悲悯。他尤其清醒地意识到，物质上的救援和重建并不能真正解决灾难所引发的伤痛，"一切向前看"的世界观不能从根本上治愈灾难"后遗症"。阿来更多是思考灾后重建中关乎人伦、道德、文化等方面的问题。在灾难的强大暴力面前，更需要救助人的精神危机，并由此挖掘人性的深度。地震发生后，云中村不仅是政府救援的主要对象，而且还收到了来自祖国各地志愿者的捐助。可是，这些物质性的救助只能解决燃眉之急，却无法抵御人心的涣散和道德的沦丧。为了尽快重建灾区，云中村所在的瓦约乡开始大力发展旅游业，村民们只顾赚钱，又脏又臭的厕所居然还要收费。"还有瓦约乡人牵马驮游客上山，他们心疼自己的马，在陡峭的山路上要游客下来自己攀爬。有农家乐涂改了乡政府制定的菜价标牌上的数字。还有人家用山羊肉冒充野羊肉，以提高价格。"更有甚者，一盘普通的野菜就要两百块。这让那些曾经救助过灾民的游客很伤心，"地震时，我们来当过志愿者，我们捐过款，今天来旅游，也有支持灾后重建的意思，可这些老乡，忘恩负义啊！"人们的善良和同情心被廉价地消费了。在地震中失去一条腿的央金姑娘被视为身残志坚的典型。震后第五年，她带着轮椅回到了云中村，她在"五年前，大地震动毁灭一切的那个时刻"，扔掉拐杖，单腿舞蹈。阿巴为央金姑娘感动得老泪纵横，以为她是在祭奠那个苦难的时刻。可是，他何曾想到，所有这一切原来都是表演，都是作秀。央金在用自己的苦难和不幸换取名利。在物质利益面前，创伤和苦难都成为明码标价的资本，这是何其的不幸！同样，祥巴一家中唯一逃过一劫的中祥巴，地震后从未回到云中村祭奠死去的亲人，然而，在云中村即将消失之际，他忽然乘着热气球回来了。"祥巴乘热气球上云中村时，摄像机一直在拍摄。他们提前就在网上宣传了，热点就是乘热气球看一个即将消失的村庄。"旁观他人的痛苦，消费苦难。难道地震的滑坡导致的是世界向着贪婪和罪过滑行？所以，灾后的重建绝不能仅仅停留在物质上，还需要人性与道德秩序的艰难修复。我认为，这正是《云中记》的深刻之处。它不仅还原了灾难现场，更是在还原中完成了对人性、对民族的存在主义式的拷问。

二

我想，正是基于这种深刻的忧患意识，阿来让灾难在生命体验、伦理价值以及人文关怀等方面呈现出悲剧的美学意蕴。这是对崇高生命的震撼，是生命在不断受伤和复原中所寻求的超越。这一点，在阿巴这个人物身上得到了集中的体现。

文本的开篇，苯教非遗传人祭师阿巴回到了云中村。此时，汶川地震已经过去四年了，云中村被地质学家们判了"死刑"，预言不久之后整个村庄将随地质滑坡彻底在地球上消失。所有的村民迁往移民村，而阿巴却决定一个人留在云中村，守护那些逝去的亡灵。于是，整个文本就在倒计时中，从阿巴回到云中村的"第一天"开始，一直到村庄消失的"那一天"，书写了一个祭师的坚守，书写了责任、信仰、牺牲和崇高。

面对随时可能滑落消失的云中村，在常人眼里，阿巴的留守行为显得那么不明智，甚至有些愚蠢。但是，阿巴却固执地认为，活人有政府管，但死人呢？抚慰亡灵是他的职责。况且，在巨大的灾难之后，面对无数亲人的离去，人们精神无所依托，鬼魂便成为他们缅怀亲人，寄托忧思，安顿心灵的一种心灵归宿。"地震发生前，云中村已经有很多年没有人谈论鬼魂了。人在现世的需要变得越来越重要，飘渺的鬼魂就变得不重要了。对鬼魂的谈论是地震后才出现的。"村民们开始请求阿巴去安抚鬼魂。尽管，在一定意义上，阿巴并不是一个合格的祭师，他甚至怀疑鬼神是否真的存在。一个祭师必备的安抚鬼魂的技能，还是在震后，他的外甥仁钦派他去临村现学的。毕竟，在那个特殊的时期"安抚鬼魂的事情，也就是安抚人心"。所以，阿巴也常被村民讥为"半吊子"祭师。但是，在另一方面，阿巴又是一个伟大的祭师。自从决定回云中村，

他就抱着必死的信念决定要和云中村共存亡。仁钦上山劝他敬奉山
神、安抚鬼魂后就立即下山。因为这不仅关系到阿巴的生命，还关
系到仁钦的个人前途。作为代理乡长的仁钦已经向领导下了军令
状，保证云中村不留一人一户，阿巴的坚持很可能影响到外甥的前
途。但阿巴没有妥协。这并不意味着阿巴自私、绝情，而是他明白
什么才是人生最珍贵、最重要的。那就是，不再一味地关注一己之
私的小利，而将自己的生命与自然的生命沟通，去体悟宇宙最深最
真的奥秘，将自己置身于不分物我的生命状态的智慧中。这是一种
宗教的境界、信仰的境界，同时也是一种世俗世界最崇高的境界。
这种境界让我想到了《神异经》中记载的那个有着诸多名字的"西
南大荒之人"：

> 西南大荒中有人焉，长一丈，其腹围九尺，践龟蛇，戴朱
> 鸟，左手凭青龙，右手凭白虎，知河海斗斛，识山石多少，知天
> 下鸟兽言语，知百草木盐苦，名曰圣，一名哲，一名先通，一名
> 无不达。凡人见拜者，令人神知。[1]

这位身材伟岸、力大无穷，能够征服各类奇异灵兽，无所不
知、无所不晓的"西南大荒之人"，拥有一般凡人无法企及的四个

---

[1] 李昉：《太平御览》，中华书局2000年版，第3106页。

名字："圣""哲""先通""无不达"。"先通"是天之灵赋，"圣""哲"则关乎人伦。这就意味着，神性的"先通"与人性之"哲"相融通，便可抵达人类社会的最高境界——"圣"。而一旦为"圣"便可"无不达"。这也就是古人所推崇的"圣智"。"圣智"之人怀有宇宙中最高的自然智慧，兼有最为健全的人性和最高尚的品质，总是表现出大无畏的献身精神和崇高美德，是人中之圣。盘古、黄帝、炎帝、神农、大禹便是"圣智"的代表。他们打通了神与人、自然与社会的界限，构建了中国传统文化中的理想人格。可以说，这种理想人格充分展现在阿巴的身上。作为一名祭师，他的职责是搭建人神之间的通道，尽管他并不具备与神鬼沟通的"技术"，但却愿意牺牲自己的生命来捍卫信仰和职责。我们看到，阿巴一回到云中村就开始挨家挨户去慰藉亡灵，甚至因为忘记与村民没有往来，过着与世隔绝生活的谢巴一家而自责不已，专门上山为谢巴一家祭奠。他以悲悯的情怀关爱着云中村的每一个亡灵，用坚定的信仰去履行祭师的职责。文本中最令我感动的是，阿巴一个人完成的祭山仪式。这个本来是乡政府重点规划的旅游项目，因地震而没有实施。四年后，山上已经看不到人烟，没有往昔祭神时穿着盛装载歌载舞的村民，但是，阿巴并不孤独，他在召唤山神阿吾塔毗，召唤亡灵，于是，一个人的起舞便化为千万个人的起舞：

阿巴一边舞蹈，一边往火堆里投入更新鲜的柏枝。烟柱升上天空，在适时而来的风中微微弯了腰。风从通往东南的峡谷中起来，烟柱便向西北方微微偏转。那是闪烁着纯净水晶光芒的阿吾塔毗雪山的方向。阿吾塔毗闻到桑烟里柏树和杉树的香气了。阿巴且歌且舞，往火堆里投入糌粑、青稞。云中村的成年男丁们，也往祭火里投入糌粑和麦子。女人们在祭火的下方，曼声歌唱。现在，烟雾里又携带了云中村庄稼地香气，飘到了天上。阿吾塔毗闻到云中村糌粑和麦子地香气了。

烟柱扶摇直上，连接了天与地，连接了神与人，阿吾塔毗和他的子孙可以互相感知了。阿吾塔毗应该下界来了，此刻应该在他后世的子孙们中间了。[1]

阿来说，汶川地震三四年后的一天，他看到一张摄影师朋友拍摄的照片：在一个废弃的村庄，一位巫师孤身一人为死去的乡亲们做法事。这张照片对阿来的震动极大，尽管当时他没有立即动笔，但这个挥之不去的巫师形象终于在十年后，定格到这部长篇小说中。他要在这个人物身上写出人性的崇高，写出面对自然灾难，冀图通过道德理性来引领人类走出困境的伟大精神，从而营造出一种宽宏刚毅的悲壮，呈现出神圣的生命状态中的悲剧美感。

---

[1] 阿来：《云中记》，十月文艺出版社2019年版，第161-162页。

三

　　阿来说："《云中记》是我在莫扎特《安魂曲》庄重而悲悯的乐声的陪伴下写就的。"[①]"安魂"是《云中记》的写作基调。在我看来，"安魂"绝非是单纯地对在灾难中死去的亡灵的超度，更多的是一种对行将消逝的古老文明的缅怀，对诗意的理想主义的追求。其实，从《尘埃落定》开始，阿来就没有停止对在现代化进程中弱小民族文化被无情吞噬的思考。麦其土司家族的轰然倒塌，机村的随风飘散，都带着挽歌式的情调追忆那些遥远的充满传奇的故事。正如鲍德里亚所指出的："（现代性是）一种独特的文明模式，它将自己与传统相对立，也就是说，与其他一切先前的或传统的文化相对立：现代性反对传统文化在地域上或符号上的差异，它从西方蔓延开来，将自己作为一个同质化的统一体强加给全世界。"[②]《云中记》同样书写了在现代性的挤压中云中村的破碎，只不过这种破碎是在自然地质灾变中集中爆发。云中村的消失也并非仅仅是一个村庄的消失，同时也喻指一种文明的消失。正像张清

---

① 　张杰：《酝酿十年，阿来终于完成地震题材长篇小说〈云中记〉》，载《封面新闻》，https：//baijiahao.baidu.com/s？id=1620387100652684624&wfr=spider&for=pc，2018-12-20。

② 　[美]道格拉斯·凯尔纳，斯蒂文·贝斯特：《后现代理论——批判性的质疑》，张志斌译，中央编译出版社2011年，第37页。

华指出的："文明之力是这个小说所要表现的。文明本身有一个逻辑，内在的自我破坏的逻辑。这是阿来一贯关注的，就是文明本身的悲剧、文明本身的自我毁灭的一个内在逻辑在当代的一种显现，但是这次它是和重大的地震灾难连在一起。"①这一点，同样可以在阿巴身上得到印证。

阿巴出生在一个世代相传的祭师家庭。但他"已经不是以前那些相信世界上绝对有鬼魂存在的祭师了"。他的童年生活在那个破除封建迷信，禁止相信鬼神的年代。尽管夜深人静时，他看见在磨坊偷偷祭神的父亲，知道父亲是在安慰鬼魂。但学校老师所讲的不怕鬼的故事，还是让他对鬼神之事将信将疑。13岁的阿巴成了一名拖拉机手，18岁时成为"云中村有史以来的第一个发电员"。当他用哆哆嗦嗦的双手合上电闸总开关，让云中村被从未有过的灯光照亮的时候，阿巴神情庄重，内心充满荣耀，他忘却了父亲在黑暗中起舞时，曾经打动他的"油灯下一团小小的光亮，以及四周空旷的黑影"。那时的阿巴是云中村的风云人物，是现代文明、先进文化的代言。然而，作为现代文明象征的发电站，一夜之间竟在一场地质滑坡中消失殆尽，阿巴也随着滑坡"深陷在一滩正在凝固的泥石流中间"。从此，阿巴像是被浑浊的泥土和沙石填充了大脑，成了

---

① 新浪读书：《阿来〈云中记〉研讨：一个普通人荡气回肠的找寻自我之路》，载《新浪读书》，book.sina.com.cn/news/whxw/2019-05-31/doc-ihvhiqay2610272.shtml，2019-05-31。

一个失意的傻子。阿巴的失意显然是有寓意的，那就是在现代性的全面祛魅进程中，科学技术的话语不断扩张、膨胀，"从技术的格局看，人与社会都被'技术形态化'"。①这一"形态化"最直接的后果就是诗意的沦丧和人性的异化，工具理性以不可阻挡之势僭越到价值理性之上。所以，阿巴的苏醒尽管是"被电唤醒的"，但是，所唤醒的仅仅是他的认知。只有当老喇嘛把清澈的泉水倾倒在他头上的时候，他才感觉到"沉甸甸的脑袋松快多了，嘴里的硝石味道也淡了许多，代之而起的是新鲜泉水的味道"。或许，现代性引发的启蒙、开发的心智恰恰遮蔽了我们内心对自然直接感悟的能力，就像《庄子》中记载的那位叫作"浑沌"的大神。因为面目浑沌，好心的倏、忽二帝便试图用斧凿为其开凿七窍，结果浑沌却死于二帝的斧凿之下。浑沌是中国神话中最早的歌舞之神，在未斧凿之时，与歌舞相伴，享受着自然诗意的恩泽。然而，这一诗意的世界却在倏与忽的斧凿声中轰然倒塌。七窍，作为人的本体特征潜藏着颇有意味的喻指，象征着人后天的心智。在此意义上，浑沌之死便意味着人类智性对神性诗意的戕杀。

其实，在云中村，这种戕杀早已开始。阿巴在当发电员的时候，就曾发出感叹："我们自己的语言怎么说不出全部世界了，我们云中村的语言怎么说不出新出现的事物了。""时代变迁，云

① [德]彼得·科斯洛夫斯基：《后现代文化——技术发展德社会文化后果》，毛怡红译，中央编译出版社1999年版，第1页。

中村人的语言中加入了很多不属于自己语言的新字和新词。'主义''电''低压和高压''直流和交流'。云中村人把这些新词都按汉语的发音方法混入自己的语言中间。他们用改变声调的方法来处理这些新词，使之与云中村古老的语言协调起来。"正是在这样含混不清的搅拌中，诸多传统的"旧"东西被新事物取代了。可以说，现代性的介入总是以传统的陨落为代价的。阿巴的父亲就是在修机耕道时被炸药"和那些被炸碎的石头一起炸到天上，又掉到江里，从这个世界上消失了"。而且，就连云中村纪年的方式也发生了改变："修机耕道那年；拖拉机来那年；修小学校那年"。一切都在与时俱进，哪怕是云中村人世世代代信奉的苯教，也遭遇到被"抛弃"的厄运。

所以，在一定意义上，阿巴的坚守不仅是对职责的坚守，对信仰的坚守，也是对千百年来云中村古老文明的坚守。尽管，这种坚守如飞蛾扑火，但飞蛾燃起的那团火焰，却让我们在我们这个越来越世俗化、功利化的社会，感受到离我们庸常的生活渐行渐远的诗意。信仰苯教的人已经很少了，地震后更是寥寥无几。阿巴却坚持用他的信仰和方式，在天与地的沟通中，营造了一个诗意的世界。"呦呦鹿鸣，食野之萍"。这个小鹿早已绝迹的村庄，忽然恢复了自然的生机。无须播种，只要松松土，那些埋藏在地下的种子便自然发芽，长出嫩绿的叶子。就连罂粟，这种曾经被赋予伦理色彩的植物，也彻底剥去了"罪恶"的外衣，自由地绽放了。可以说，这里所有的生物都摆脱了人为的规约，恢复了自然的本性，"没有死亡，只有生长"，在废墟上生长出信仰和希望。或许正是在这种信仰和希望的感召下，人们才能度过一个个艰苦的岁月，通过召唤重建当下生活的意义。我们看到仁钦在那段被误解被降职的日子里，给予他精神慰藉的恰恰是那朵生长在废墟里鸢尾花，他在母亲的灵魂里找到面对困难的勇气和希望。由此，我们在一个村庄，一种古老文明的陨落中，看到了人性温暖的光芒，还有神性的心灵慰藉。

在我看来，《云中记》无疑是阿来继《尘埃落定》《空山》之后最重要的一部作品。其实，从《尘埃落定》开始，阿来便将文学视为一种"大声音"，他说："佛经里有一句话，大意是说，声音去到天上就成了大声音，大声音是为了让更多的众生听见。要让自己的声音变成这样的大声音，除了有效的借鉴，更重要的始终是，自己通过人生体验获得的历史感与命运感，让滚烫的血液与真实的情感，潜藏在字里，在行间"。[1]《云中记》显然是阿来又一次发出的"大声音"，蕴含着宗教的悲悯，理想的诗意，现实的残酷，人性的追问，历史的反思。这是文学的担当，也是文学的使命。

---

① 　阿来：《一部村落史与几句题外话》，载《长篇小说选刊》，2005年第3期，第4页。

/ 第四辑 /

阿来文学年谱

（1959—2019）

1959年，阿来（*原名杨永睿*）

出生于四川省西北部阿坝州马尔康县的一个只有二十多户人的小村庄里，村庄藏语名字叫卡尔谷，汉语名字叫马塘。这一地区在藏语中被称为"嘉绒"，意思是靠近汉区的农耕山谷。这个群山环绕的山谷绵延逶迤在邛崃山脉与岷山山脉中间，山下奔腾的则是大渡河上游与岷江上游及其众多的支流。有山有水的地方，集聚着自然界的精华，注定是要兴旺的。或许正因为如此，"马尔康"在藏语中的意思，便是"灯火旺盛的地方"。山清水秀而人杰地灵，故乡的山水赋予阿来与生俱来的文学天赋，同时也成为滋养阿来文学创作的不竭生活源泉。

"阿来"在古藏语中意为"刚出土的麦苗"，蕴藉着泥土的气息和蓬勃向上的力量。阿来的母亲是藏族，父亲是一个把生意做到藏区的回族商人的儿子。有时候谈到族别时，阿来会幽默地说，我是个远缘杂交品种。①阿来是家里的老大，下面是一大串的弟弟妹妹，连阿来的母亲也无法给出一个准确的阿来出生日期，只能大概给出两个月份以供选择。然而，"回藏混血"这种并不纯正的民族血统给天性敏感的阿来独特的影响，在他很多的早期作品中都有一个叫作"阿来"的懦弱孩子的影子。偏僻的地域、艰苦的生活、"精神一片荒芜"，让幼小的阿来孤寂敏感。于是，大自然成为阿来最好的伙伴和老师，宏阔的自然不仅锤炼了阿来坚韧的品格，也作为永恒的背景在他的作品中屡屡出现。

1965年

阿来五六岁时，和村子里其他孩子一样赤着脚在山地草坡上牧羊。阿来的童年充满了饥饿、困苦与辛劳，我们完全有理由相信《旧年的血迹》中生产队一年一度的大锅炖牛杂的"美餐"，村民眼睛里"闪烁着贪馋的光芒"，都是阿来童年生活的真实写照。

1966年

七岁的阿来进入小学学习。这是一所只有两三间校舍、两个班合用一个教室、只有一个教师进行复式教学的小学，条件极其简陋

---

① 阿来：《遥远的温泉》，四川民族出版社2005年版，第11页。

而艰苦。

当时藏地要求普及汉话，因此，一进入小学就要开始汉语学习。尽管如此，有一定汉语基础的阿来进入学校后，还是感觉到汉学学习的吃力。当时仅懂得非常简单的汉语的阿来在上课时根本反应不出老师在说些什么。这段痛苦的学习经历，让阿来终生难以忘怀。"从童年时代起，一个藏族人注定就要在两种语言间'流浪'……我们这一代的藏族知识分子大多是这样，可以用汉语会话与书写，但母语藏语，却像童年时代一样，依然是一种口头语言。"[①]然而，汉语学习虽然是一个艰苦的过程，但却培养了阿来最初的文学感觉。

1968年

九岁，阿来三年级。在进入小学的三年时间，阿来都被汉语学习的艰辛所困扰。阿来敏感要强的个性在童年时代就已经初露端倪。他抓住一切机会锲而不舍地学习汉语。"那个时候拼命（学习汉语），希望尽量地掌握多一点的东西。看报纸，反正拿到一点有文字的东西就拼命看。"而对汉语学习的魂牵梦绕，终于感动了上苍。"所以终于有一天，我记得是上小学三年级的时候，那一天我觉得平常木讷的脑子，好像'嗡'的一声打开了，所有不懂的东西

① 阿来：《用汉语写作的藏族人》，载《美文（下半月）》，2007年第7期，第54-55页。

都懂了。从此以后我就觉得，好像进入了一个世界，一直到今天为止，我觉得如果我愿意弄懂什么的话，就是通过汉语，我什么事情都可以弄懂，只要你给我一段文字，那时就培养了这样的理解能力。"①对于阿来而言，这是人生第一次心智的开启。

1970年

十一岁，阿来小学五年级。此时，强烈的求知欲与贫困的物质生存境遇，成为阿来生活中难以释怀的龃龉。一度，一本价值几毛钱的《汉语词典》竟成为他幼时最大的渴望。终于在这一年小学毕业时，趁着全班去一个"遥远的小镇"照毕业照的机会，阿来费尽周折实现了自己有关词典的梦想。"从此，很长一段时间，我像阅读一本小说一样阅读这本词典。从此，我有了第一本自己的藏书。从此，我对于任何一本好书都怀着好奇与珍重之感。"②以此为经历书写的《词典的故事》后来发表在《中学生阅读（初中版）》（二〇〇二年第一期）。文章中质朴的感情与深邃的反思呈现出温婉的和谐，使得本来细小的故事显得如此动人。

---

①　阿来，董倩：中央电视台《面对面》栏目见证西藏系列节目：作家阿来，2008-04-29。

②　阿来：《词典的故事》，载《中学生阅读（初中版）》，2002年第1期，第11—13页。

1972年

十三岁，阿来上初二。在此之前，阿来从来没有走出过以村子为半径的地方，他曾以为几十公里大的那片村庄就是一片广大的天地。直到有一天，一个神气的地质勘探队进入了村庄，他们带来的一幅航拍的黑白照片从此改变了阿来的世界观。"村子里的人以为只有神可以从天上往下界看。但现在，我看到了一张人从天上看下来的图像。这个图景里没有人，也没有村子。只有山，连绵不绝的山。现在想来，这张照片甚至改变了我的世界观。或者说，从此改变了我思想的走向。从此知道，不只是神才能从高处俯瞰人间。再者，从这张照片看来，从太高的地方也看不清人间。构成我全部童年世界和大部分少年世界的那个以一个村庄为中心的广大世界竟然从高处一点都不能看见。这个村子，和这个村子一样的周围的村子，名字不一样的村子，竟然一无所见。所见的就是一片空山。"[①]这是后来《空山》名字的由来。在《空山》以及作为《空山》一枚"花瓣"的短篇小说《水电站》当中，我们都能够清晰地看到"地质勘探队"的影子。在文本中，阿来让那些神气到"机村在他们眼里就像不存在一样"的勘探队员，为机村修建了水电站，当他们"把整个机村的黑夜点亮时，大家都有一种如在梦境的感觉。可这真是有史以来，从未有过的光亮"。对于阿来而言，勘探

---

① 阿来：《有关〈空山〉的三个问题》，载《扬子江评论》，2009年第2期，第1–5页。

队正如一颗流星，划亮了他的天空。

1976年

阿来十七岁，原本梦想着去读大学然后留在大学当个教授的阿来，遇上了"上山下乡"。初中毕业的阿来成了"回乡知识青年"，回到村寨与父辈一同挣工分。阿来人生中第一次感到不公平的是，那会儿"上山下乡"，同一个班，同在一起上学的人，这里头就有了等级之分。城里头的人"上山下乡"，国家给他们补助，戴红花，去农村给他们安家。"但我们这些本来从农村到城里上学的孩子，内心里一直充斥着凄凉，而那时也没有人管我们。"[①]这段经历在《芙美，通向城市的道路》（《民族文学》，一九八九年第七期）中有部分表达。

1977年

阿来十八岁。全国恢复高考，消息传到阿来所在的偏僻山寨时，报名已接近尾声。求学心切的阿来，借了一辆自行车，连夜骑了几十里路，赶到了报名现场，但还是晚了。在了解阿来的相关情况后，工作人员动了恻隐之心，同意为他补报。这一破例，让阿来喜出望外，他盼望能够通过高考走出村寨，去看看外面的世界。而

---

① 牛梦笛：《作家阿来》，载《光明日报》，2013-02-04。

当时他对外面世界的全部理解，都来自那些曾经到村庄来勘探森林资源的地质队员，所以他天真地以为只有地质队员能走得很远、很神气。怀揣着当地质队员的梦想，阿来在志愿表上郑重地填上了两所地质学院。但命运只让他上了本州的一所师范学校——马尔康师范学校。阿来对于自己高考的"失败"，没能学习地质专业心有不甘。但是或许这恰恰正是命运的安排，让阿来去完成作为一名优秀作家的人生宿命。

1978年—1980年

十九岁至二十一岁，马尔康师范学校在读。那时教学条件的简陋和教学体制的不规范，让本想轰轰烈烈有一番作为的阿来感到极度的失望。那个时期的整个教育系统并不能给学生提供什么正确的观念和方法。"甚至可以说，那种教育一直在教我们用一种扭曲的、非人性的眼光来看待世界与人生。而我正是带着这种不正确的世界观步入了生活。就是在这种情形下，我遭逢了文学。在我的青年时代，尘封在图书馆中的伟大的经典重见天日，而在书店里，隔三岔五，会有一两本好书出现。没有人指引，我就独自开始贪婪地阅读。至今我也想不明白，自己怎么就能把那些夹杂在一大堆坏书和平庸的书中的好书挑选出来。那个时候，我并没有想过要当一个作家。我只是贪婪地阅读。在我周围，有善良的人、坚韧的人、有趣的人、聪明的人，但阅读让我接触到了伟大的人。这些伟人就在书的背后，在夜深人静的时候，他们就会站出来，指引我，教导我。"[1]这时的阅读为本来就很有天赋的阿来日后走上文学道路打下了坚实的基础，很多文学观念影响着他后来的文学创作。

在马尔康师范学校的两年是阿来一生中难忘的时光，在这里，尽管他没有接受系统文学知识的学习，然而，大量的阅读拓展了他审视人生的视域。这一年的夏天，他以优异的成绩毕业，获得了迄今为止他人生中的最高学历。

1980年

二十一岁，阿来从马尔康师范学校毕业，"致力于找一个比较铁实的饭碗"。[2]当时，他被分配到一个比自己村庄还要偏僻的山寨（起初实习的那所不通公路的学校），在那里的小学当老师。阿来曾回忆说：要坐大半天汽车，然后公路就到了尽头，接下来，还要骑马或步行三天，翻越两座海拔四千米以上的雪山。阿来常常孤寂地待在偏僻的没有公路的山寨，遇到天气不好时，能到学校上学的学生更是寥寥无几，对"路"的渴望从《环山的雪光》《守灵夜》到《路》屡屡出现在阿来的小说之中。阿来不只一次地回忆起那些寂静的黄昏中，音乐声中的阅读生活。他所读的第一部历史书

---

[1] 阿来：《2008年度杰出作家阿来获奖感言》，载《新作文（高考作文智囊）》，2009年第9期，第20-21页。

[2] 阿来：《幸运与遗憾》，载《民族文学》，1991年第1期，第87-88页。

是《光荣与梦想》，第一部小说是海明威的。接下来，阿来与福克纳、菲茨杰拉德、惠特曼、聂鲁达等文学大师遭遇。他坦言把他导向文学的"除了生活的触发，最最重要的就是孤独时的音乐……在我刚刚开始有能力接触文学的时候，便爱上了音乐。我在音乐声中，开始欣赏，然后，有一天，好像是看见从乌云裂开的一道缝中，看到了天启式的光芒。从中看到了表达的可能，并立即行动，开始了分行的表达"。[①]

内心的孤独并没有妨碍阿来成为一名优秀的教师，他的教学独特有成效，很受教育系统看重。于是，他在山村学校待了不到一年，就被调到通公路的中学。

1981年

二十二岁，阿来被调到马尔康县中学担任毕业班的历史教师。阿来用一年的时间完成了从偏僻山寨小学到通公路的中学，再到马尔康县中学的过渡，阿来自称是"三级跳远"。然而，怀揣远大梦想的阿来，并不甘心做一辈子的乡村教师。他开始思考人生，思考未来。"那个时候我还在一个乡村学校里头教书，每天出去散步，我就看寺院的恢复，他们每天都给寺院绘制壁画，鸟是什么样，花是什么样，佛是什么样，都是有经文画好的，没有艺术家特别多的

---

① 阿来：《从诗歌与音乐开始》，载《青年文学》，2001年第6期，第4-6页。

创造在里头。每天看，我看那些人画，程序化的一种画法，每天都在画。我看他们自己画得也没劲。突然有一天我看一个小喇嘛很有意思，画累了，他自己出来在一个小石板上画一个鸽子，他突然画得非常灵动，一下就跟画那个东西就不一样了，就在石头上画了一个鸽子，要起飞的。"①正是在这样的一个细节中，阿来感受到了包括宗教在内的意识形态对人的束缚，试图要将人规范到某一个约定俗成的框架，而人的心灵却总是在每一个角落里头，寻找一种自己自由的那种可能。这些对宗教和人生的思考，我们在《尘埃落定》《空山》《格萨尔王》《瞻对：两百年康巴传奇》等作品中都能够看到清晰的印记。

1982年

二十三岁，阿来"端牢了饭碗"，开始了创作生涯。刚开始写作，阿来似乎并不是因为对文字有很深厚的感情。可以说，20世纪80年代是一个属于文学的年代，"文学青年"是一种光荣而又时尚的称谓，阿来所在那个偏远的县城也不例外。阿来的周围时常会聚集一群志存高远的"文学爱好者"。他们写作的劲头是那么热烈，一开始还让身为中学老师的阿来感到费解。那时的阿来，每天备课、看书、和朋友聊天，没有想象过有一天会写作，更没想过成

---

① 阿来，董倩：中央电视台《面对面》栏目见证西藏系列节目：作家阿来，2008-04-29。

为一名作家。谈到这段人生经历时，阿来半开玩笑地说："80年代有点文化的人，从20岁过来的人大概都写过诗吧。写过的原因我想主要还是荷尔蒙过剩，又不能上网又不能搞网恋，反正生活也很单调，青春期嘛，青春期有一种激情需要抒发，当然这其中有些人的确是有艺术天分、文学才能的，经过这么一下子就激发出来了。我大概也是属于这样一种，过去自己都没有发现，也确实没有想过将来我要做一个诗人，做一个作家，没有这样想，只是觉得这也是让自己有所发泄的一个渠道吧。"①

　　阿来说，那个时代的学习气氛很浓。周围的人很喜欢读书，阅读在他们心中是一种自然的生活方式。读过许多经典著作的阿来，并不害怕写作。他看完别人写的作品之后，并不太满意。刚开始，他觉得写作是一件很容易的事情，他决定尝试写点什么。当他将练笔的作品拿给他们看时，获得了一致的赞赏，很快，阿来的创作得到了更加权威的认可。他的第一篇文学作品发表了，这是一首题为《振响你心灵的翅膀》的诗歌。这首诗抒发了对自由精神的渴望和向往。同年，《草地》第二期发表了阿来的另一首诗《丰收之夜》。对于自己初期的创作，阿来坦言："诗写得不好，诗思却是由一群锄草的健美妇女所触发，也就是被美所触发……至少，这个

---

① 《访谈阿来：我用了十年去除文革的暴力影响》，载搜狐网，http://yexiaojing.i.sohu.com/blog/view1030，2012—11—15。

出发点是正确的。"①

1983年

二十四岁。阿来创作生涯的起点应该说是一帆风顺的。一首又一首诗歌频繁发表。可是，阿来似乎并不满足，相反，有一个问题一直缠绕着他，令他十分困惑。那就是，作为一个藏族人，用汉语写什么？用汉语写什么才是长项？"我刚开始写的，其实我觉得是不太清楚的，难免当时人家在写什么，你可能去跟着写一点什么。这个写作过程当中，我曾经非常非常困惑。"阿来初登文坛时的80年代是"西藏'被文学书写'填充的关键期。中国文学一夜之间好像忽然发现了'西藏'，西藏成为寻根文学和先锋文学想象的渊薮⋯⋯'隐秘'（《西藏，隐秘的岁月》）和'诱惑'（《冈底斯的诱惑》）很恰当地概括了80年代我们文学的西藏想象。于是，在民族身份意识和文学场域的双重催生下，阿来文学学徒期的创作，都是以草原、高原等特定地域标识为题目的诗歌，像《高原，遥遥地我对你歌唱》（一九八三）、《草原回旋曲》（一九八四）、《高原美学》（一九八五），等等，大多发表在《西藏文学》上。无论后来阿来怎么强调他的写作和本民族作家扎西达娃等不同，但这个时期的诗歌和小说，他还是在一种地域的差别性上汲取写作的

---

① 阿来：《流水账》《宝刀》，作家出版社2009版，第317页。

*滋养。*①

1984年

二十五岁。因为写作上的特长，阿来被调到阿坝州文化局下属的《新草地》杂志社当编辑。从事文字工作以后，阿来经常到书店读书、买书，他阅读了大量的世界名著，这些翻译成汉语的经典著作既开阔了眼界，也带给他启示。"那个时候我们接触到国外文学的各种思潮，尤其是两个国外的非常伟大的作家。一个是英语里头的美国的惠特曼，一个是西班牙语里头的拉丁美洲的聂鲁达。这样两个诗人，让我觉得找到两个导师，尽管这两个导师都不是跟我在同一个区间，也不是一个同时代的人。"②阿来之所以表现出对惠特曼和聂鲁达"情有独钟"，同样与他的民族身份意识息息相关。阿来说，惠特曼也好，聂鲁达也好，他们都是"用一种熟悉的语言去表达，而且也是很古老的，有丰厚文化传统的语言，去表达一个从来没有被表达过的现实。聂鲁达是用西班牙语表达南美洲，惠特曼是用英语来表达美国，而且这两个人的一种方式我也很喜欢，都是在那种，一个在北美大地上，一个在南美大地上四处漫游，然后

---

① 何平：《山已空，尘埃何曾落定？——阿来及其相关的问题》，载《当代作家评论》，2009年第1期，第46–58页。

② 阿来，董倩：中央电视台《面对面》栏目见证西藏系列节目：作家阿来，2008-04-29。

歌唱、写作"。①受到他们的启发，阿来决心要用纯正的汉语去表达藏区的生存状态和生活方式。尽管当时的阿来，在他的创作实践中对这一创作理念的表达和书写还显得有些力不从心，然而，不难看出，这一文学理念成为阿来一生追求的标高，并在以后一次次的创作中不断刷新。

这一年，阿来在《民族文学》第九期上发表了《红苹果，金苹果……》，这是一篇打磨了两年多的短篇小说，被阿来称为"一篇很稚气，但至今自己仍觉清新的短篇"②。小说涉及民族身份、中学生、科技农业等这些在当时带有较强意识形态色彩的"关键词"。主要刻画为自己的藏族族别、语言、服饰而忐忑不安的落榜少女泽玛姬和明明是藏族人却努力向汉族靠拢的干部子弟"他"，展示了两种不同人生观，有些生硬的口号化的东西在里面。阿来的自尊与敏感在此也初露端倪，这种身份的焦虑似乎成为阿来这一阶段创作的"主旋律"。这一年还有诗歌《草原回旋曲》发表于《西藏文学》试刊号《拉萨河》。

1985年

二十六岁。短篇小说《老房子》发表于《草地》杂志。"《老

---

① 阿来，董倩：中央电视台《面对面》栏目见证西藏系列节目：作家阿来，2008-04-29。

② 阿来：《幸运与遗憾》，载《民族文学》，1991年第1期，第87-88页。

房子》写于1985年，是我的第一篇小说①，在此之前我写诗。《老房子》写的是土司官制，后来我就离开了这个题材，没想到十年后《尘埃落定》又回到了这个起点。"②《老房子》的故事发生在解放前夕，白玛土司老房子里土司夫人一次艰难的生育。整个故事散发出血腥的绚烂和末世的伤感，阴森、梦魇、土司女人、疯狂、腐朽都可以说是《尘埃落定》最早的意象。这一年，阿来的另一篇小说《草原的风》（又名《生命》）发表在《民族文学》第九期。这篇小说以恣肆的风雪作为背景，描写了一个相信善有善报的和尚，一个相信只有通过这样的风才能寻找到男子汉力量的年轻邮递员，一个曾是和尚的长发驮脚汉，在面对死亡时，要"死得像个人"的感悟，使这篇小说染上了诗意的悲壮。

该年阿来应邀参加了烟台笔会，这也是他参加的第一个笔会。

1986年

二十七岁。该年阿来结识了"青年时代唯一遭逢的著名作家"周克芹老师，这在一定程度上推进了阿来的文学道路。这一年，组诗《哦，川藏线》发表于《民族文学》第七期（并于二〇〇八年在《民族文学》Z1期转载）。而小说《猎鹿人的故事》（一九八六年

---

① 《红苹果，金苹果……》的发表时间早于《老房子》，阿来之所以称《老房子》是他创作的"第一篇小说"，大约是因为这是他比较满意的，"路数对头"的第一篇小说。

② 尚晓岚：《阿来翻新旧年的血迹》，载《北京青年报》，2000-11-19。

七月改于哲里木，全国草原笔会）也于同年在《民族文学》第十期上发表。小说描写上过中师的藏族青年桑蒂，因为汉族女友跟他分手，并当面羞辱他是"蛮子"而割掉了女友的鼻子。这篇作品中让我们看到阿来对汉藏、城乡之间的身份认同问题的思考，可以说，桑蒂这种过分激烈的爆发方式，正在一定程度上印证了当年的藏边青年在外界文明面前的敏感与脆弱。

十二月，短篇小说《阿古顿巴》发表于《西藏文学》杂志，这是阿来早期短篇小说的代表作，也是他小说创作中最重要的作品之一。阿古顿巴是藏族人民精心塑造的一个机智、幽默、正直、乐观、乐于助人的农奴形象。关于阿古顿巴的故事，被一代又一代藏族人民传唱、搜集、整理，集中体现了藏族劳动人民的才能智慧和高尚品质。阿来在谈到创作《阿古顿巴》时，曾说："当时写这个是因为我很好奇：阿古顿巴有这么多的故事，但没有一个故事是来描绘他的形象的。既然如此，那就让我来描绘他的形象，让我来想象他有一个什么样的命运。当时，这个小说发表后评价很不错。"①在《阿古顿巴》中，阿来将一个藏族智者的民间原型引入一个全新的虚构文本，除了需要丰厚的文学想象之外，更多的则是阿来对藏族文化的独到理解和诠释。"在这篇小说里，我们可以发现阿来最初的小说观念的形成和成熟……阿来小说所呈现的佛性、

---

① 阿来：《给生我养我的土地一个交代——著名作家阿来访谈》，藏人文化网人物专访，2006-03-10。

神性、民间性的因子，在阿古顿巴这个人物身上有最早的体现。从一定程度上讲，这篇取材于藏族民间传说故事的小说，也体现了阿来自身对一个民族的重新审视。他对这位民间流传的具有丰富、复杂的智慧的平凡英雄的理解和艺术诠释，令人为之震撼。这是一篇重在写人物的小说，试想二十几年前，阿来就打破了以往民间故事的讲述模式和基本套路，打破了这种'类型'小说的外壳，对其进行了重新改写和重述，这的确是需要相当大的勇气。"①

1987年

二十八岁。小说《环山的雪光》发表于《现代作家》第二期。小说描写藏族少女金花，受一位搞"纯真艺术"的图画老师启发，觉醒了"少女的敏感"。文明展示了新奇也带来了灾难。文明扩大了感受世界的范围，使金花对新奇事物表现出极大的兴趣，同时又搞乱了心理平衡和行为节奏。她骚动不安，脆弱惶恐，丢失了本该获得的东西，开始靠"回忆"打发光阴，最后终于受不住一连串打击而走上极端，用刮油彩的小刀刺杀了图画老师。金花的故事，就是关于她"怎样小心翼翼地侧身穿过现实，与梦相交接"的故事。②金花穿越于现实与历史之中，寻求梦想的光芒，最终却无法

---

① 张学昕：《朴拙的诗意》，载《当代作家评论》，2009年第1期，第40–45页。

② 刘中桥：《"飞来峰"的地质缘由——阿来小说中的"命运感"》，载《当代文坛》，2002年第6期，第25–27页。

避免毁灭的悲剧。可以看出，阿来在满怀对文明世界渴望的同时，又用一种不确定的理想，来反观现实，金花正是这种复杂、怀疑情绪的表现。"这只是一个观念，观念上清楚是一回事，但在故事中表达清楚又是另一回事，这是我接受外来影响时最初的习作，里面观念的东西比较多。"①

　　同年发表的《远方的地平线》（《民族文学》第四期）从过去、现在、未来的穿插视点展露了阿来对"民族历史的热爱，对民族同胞生长于斯的草原本土的深情"②。周克芹在评价阿来这些早期小说创作时写道："阿来和别的青年作家不一样。他好像不是在写小说，而是在写诗。"③的确，由于受到诗歌创作的影响，这些早期的叙事注重鲜明意象的使用，而且对景物的刻画、描写比较多，是一种典型的诗化叙事，不大注重故事性情节的营造。

　　这一年发表在《民族文学》第四期上的《奥达的马队》，是阿来早期作品中较为重要的一篇。在讴歌崇高精神，展现硬汉性格的同时刻画了不可挽回的英雄陌路的悲剧。九月，中篇小说《旧年的血迹》发表于《现代作家》杂志。这是一首与命运抗争最后屈服

---

① 阿来，陈祖君：《文学应如何寻求"大声音"》，载《现代中国文化与文学》，2005年第2期，第260-273页。

② 冯宪光：《现实与传统幻想与梦境的交织——评阿来的短篇小说》，载《当代文坛》，1990年第6期，第16-20页。

③ 周克芹：《在历史与现实的交汇点上——序阿来小说〈远方的地平线〉》，载《民族文学》，1989年第1期，第91-92页。

的悲歌，是"村庄系列"的父亲版。主人公"父亲"是若巴家族的子孙，解放后当过兵。村里没有四类分子，他理所应当成了顶替对象。家世和经历使他有一种荣耀感，精神世界异常"稳固"。他一身戎装，坦然孤傲地接受了人生磨难。当生活重新开始后，他反被一桩"意外"变故击倒了——一条猎狗死于非命，仇敌用的武器恰巧是若巴家族昔日行凶的刀。那刀"沾满黑血，刃口寒光闪闪"，铸成他"余生的形象"。这最后的点睛之笔暗含"机锋"，使前面不怎么精彩的细节带上了奇幻色彩。在这个三百年历史的巴尔古村庄里，古旧的文化气息似乎显得更为久远。人间的生生死死，荣辱兴衰给居民们留下祸福无常的沉重影响，习惯用命运来解释人生世相，他们对偶然事件的无力感，实际出自对"命运必定如此"的恐惧心理。"父亲"有精神力量与政治压力对抗，却没有半点勇气反叛不公正的命运——为先辈偿还罪过。这种"原罪"感早已困扰着他，一生动荡，阴沉落寞，在征战生涯中也未能摆脱孤独的重荷。如果说身负命运是悲哀，那么认识到命运的不可抗拒是更大的悲哀。哀莫大于心死。"父亲"低头认罪，束手待毙，是一个有心理深度的形象。[①]

　　总体来看，在这些早期的作品中，阿来展现了对历史的热爱和对个体命运的关注，历史、孤独、追寻等主题一直延续到他以后的

---

① 刘中桥：《"飞来峰"的地质缘由——阿来小说中的"命运感"》，载《当代文坛》，2002年第6期，第25–27页。

小说创作之中。

1988年

二十九岁。年初，发表了阿来在马尔康时写的短篇《奔马似的白色群山》（写于一九八六年十月）。从题目来看似乎受海明威《白象似的群山》影响，但整个文本带有很强的观念先行的味道。即想要表达在那个特定的历史时期，人们徘徊在传统和变革之间，在追求新文明的路途中无力把握现实的幻灭感。这一点，我们在《环山的雪光》中同样可以看到。这种观念先行并统摄文本的写法在80年代文坛并不罕见。阿来说，"今天我不再这样写了，今后也不会再这样写"。①

同年，阿来在《诗刊》的第五期，发表了诗歌《梭摩河》。梭摩河是阿来故乡的一条河，诗人竭力在古老、拙朴、神秘的文化界面上，设置他的语言符号，竭力使语言的能量充分释放出来。诗歌语言不再表现为与情感、观念或客观世界的一一对应，或者以某种固定的韵律形式充当诗歌的外部修饰，相反，它具有了自己的生命和统一性。从这首小诗可以看出，阿来对语言的感悟更加醇熟了，或许，这恰恰是长期徘徊在两种介质之间的特殊感悟。

---

① 阿来，陈祖君：《文学应如何寻求"大声音"》，载《现代中国文化与文学》，2005年第2期，第260–273页。

1989年

三十岁，是阿来创作高产的一年。阿来的《诗四首》（结局/静夜思/一些水鸟/致）发表于《民族作家》第三期，还有短篇小说《野人》（《青年作家》第六期）、《他，是条汉子——记南坪县水泥厂和水电厂厂长侯国全》（《草地》第六期）、《芙美，通向城市的道路》（《民族文学》第七期）和中篇小说《鱼》（《现代作家》杂志第十期）。

四川民族出版社出版了诗集《梭磨河》，这是阿来出版的第一部诗集。阿来说："梭磨河是我家乡的一条河流。这部诗集收录了我四分之一的诗歌作品，在这部诗集中，我始终在描绘着一个对象，这就是那些发生在故乡的，与梭磨河有关的生活。很多的人生经验以及对很多事情的记忆都来自于故乡，这种经验和记忆对于一个作家来说，可能是被优先熟悉的东西。我相信故乡对每一个人的影响都很大，但对故乡的关注不是地理学上的概念，有很多人身处一个地方，却对他周围的一切一无所知，而另一类人即便身在他乡，却一点不妨碍他对故乡的关注。"①可惜，在当时，阿来的这部诗集几乎没有引起诗坛和文学界的任何关注。

阿来的第一部小说集也在这一年出版了。"在我的人生中发生了一件大事……作家出版社出版了我的一本短篇小说集《旧年的

① 李皓：《"我不缺写小说的才能"——专访作家阿来》，载《西海都市报》，2009-07-14。

血迹》，收在‘文学新星丛书’里面。这是一套规格很高的丛书，各省只选一个青年作家；在四川，周克芹老师极力推荐了我。我的小说收在丛书第二辑里，是和池莉、迟子建等一起出的……那是我第一次出书。"①（这本短篇小说集在二〇〇〇年由作家出版社再版。）《旧年的血迹》收录了十篇短篇小说：《老房子》《奔马似的群山》《环山的雪光》《寐》《旧年的血迹》《生命》《远方的地平线》《守灵夜》《永远的嘎洛》《猎鹿人的故事》。邱华栋在谈到这部小说集时，指出"通过《旧年的血迹》就可以看出来，他的小说和当时很多作家的风格迥然不同，尤其是和那个时期的‘先锋派’小说家们不一样，带有着一种更加纯粹的品质……这十个短篇小说有着福克纳的短篇小说所达到的尖锐和深度，民俗学、人类文化学的潜在影响滋润在字里行间，但是却描述了一种人类的普遍的状况"。②

从这个时候起，阿来开始被称为作家。面对当时文坛的喧哗与骚动，阿来开始静下心来思考。"问题真的就出现了，我要成为一个作家吗？如果是，要成为一个什么样的作家？那时，我还没有准备好把业余爱好上升为终身的事业，一个一直忠诚于她的事业。我需要验证一下，我能不能成为作家，自己有没有那样的潜能。怎么

---

① 阿来、陈祖君：《文学应如何寻求"大声音"》，载《现代中国文化与文学》，2005年第2期，第260–273页。

② 邱华栋：《阿来印象：厚积薄发的作家》，载《河北日报》，2010–04–07。

证实呢？走向广阔的大地与人生。看能不能与之共振，与之相互感应。漫游的结果，我告诉自己，我能。"①

阿来选择了漫游的方式来进行自我确认，他决定要到一块大地上去行走。那么，到哪里去呢？"我很自然地选择了距我生活的阿坝州最近的若尔盖大草原漫游。"②在这段困惑和彷徨期，阿来决定放松一下身心，以便为未来的写作做好思想上的积蓄。他怀着满腔激情，走出家门，翻越雪山，漫游在若尔盖大草原。这次激情行走，成为他创作上的转折点。他行走了两个月，有时风餐露宿，有时与藏民们坐在草地上看疾走的白云，喝酒啃干牦牛肉，感受自然馈赠给他的一切。"三十来岁还没有今天这么多明确的想法。但是，那趟旅行下来，我觉得我有。而且一路上为自己写了一首长诗，其实也不只为自己，也为这片土地，为这片土地上的人。所以，我觉得那次下来，这是一九八九年，我写了最后一首诗。我觉得我不会再写诗了。从此我就坚定，再也没有写诗，就开始写小说。写那种，那个时候认为的鸿篇巨制。"③

阿来所提到的长诗，是他诗歌创作中非常重要的一首——《三十周岁时漫游若尔盖大草原》。诗中我们能看到获得新生的阿

---

① 吴怀尧：《阿来：文学即宗教》，载《延安文学》，2009年第3期，第100–116页。

② 阿来，陈祖君：《文学应如何寻求"大声音"》，载《现代中国文化与文学》，2005年第2期，第260–273页。

③ 阿来，董倩：中央电视台《面对面》栏目见证西藏系列节目：作家阿来，2008-04-29。

来激情四溢，仿佛有个声音在前方召换。这首二百多行的长诗，既是对以往写作与人生经验的总结，也是一种迸发与新的开始。这在阿来以后的很多自述与对话中被屡屡提起，被阿来誉为"一首献给自己作为成年礼的抒情长诗"，"被诗歌牵引起的情感"[①]。在此之后，尽管阿来依然有过少量的诗歌创作，但他的创作旨趣已经完全转移到叙事文本中。

1990年

三十一岁。《民族文学》第一期发表了阿来的中篇小说《永远的嘎洛——〈村庄〉之二》。这部中篇自始至终以主人公嘎洛对象征汉民族精神的土地的深厚感情来展开情节。可以说，这种对土地的向往和眷恋是嘎洛原乡情结的一种情感外化。小说采用诗性叙事，将"辉煌的麦浪"作为贯穿文本的意象，来展现嘎洛一次次原乡的企图，而最终原乡却成为一个永远难以企及的梦想，嘎洛也死在金黄的汹涌翻滚的麦浪里："他感到轰然一声，脑子里又有一枚手榴弹炸开了。那光芒照亮了一切，过去生活中他熟知的一切。一切都记起来了，一切都复活了。他惊喜地注视着过去的生活和上面的光亮。"[②]

---

① 阿来：《倾听》，载《草地》，1998年第6期，第12页。

② 阿来：《阿来文集中短篇小说卷·永远的嘎洛》，人民文学出版社2001版，第54–87页。

这一年，阿来发表的作品还有散文《人是不朽的》（《民族文学》第四期）。对于阿来来讲，更值得欣慰的是他的第一本小说集《旧年的血迹》获得了第四届全国少数民族文学创作"骏马奖"①。这是阿来获得的第一个颇具影响力的文学大奖。

1991年

三十二岁。阿来的创作进入了一个良性循环期，创作热情高涨，成果颇丰。这一年阿来发表了中、短篇小说《命运和遗憾》（《民族文学》第一期）、《蘑菇》（《民族文学》第五期）、《已经消失的森林》（《红岩》第一期）、《欢乐行程》（《萌芽》第十期），还有短篇小说《银环蛇》《狩猎》等发表于《四川文学》杂志。在这些创作中，阿来开始关注人与自然之间的关系，显然，他的创作视域更加宏阔了。在《已经消失的森林》中，随着森林溪流的消失以及洪水泥石流的到来，大地开始喘息，"童话般的气氛歌谣般的色彩完全消失"。这些"消失"换来了锯木厂、发电厂，见证了人们日益富足的物质生活，也见证了善良的泯灭和丑恶的膨胀。可以说，《已经消失的森林》表达了阿来对人与自然关系多层次、多角度的思考，这也成为阿来创作的一个恒久的母题。

---

① 骏马奖，是由中国作家协会、国家民族事务委员会共同主办的少数民族文学的国家级文学奖项，参赛作品囊括少数民族作家用汉文或少数民族文字出版的长篇小说、中篇小说集、短篇小说集、诗集、散文集、报告文学、理论评论集、翻译等。

其后的《最新的和森林有关的复仇故事》《天火》等作品中，阿来用各种方式解读着森林的消失，但毫无例外地都是通过复仇的角度，刻画在极度变形和扭曲的心态下，人类与自然成为不共戴天的仇敌。人是命运的牺牲品，森林是人类的牺牲品，而根源则在人内心的仇恨。

这一年阿来的诗歌创作成果也颇丰。尽管阿来一再表示不再写诗了，但他内心澎湃的激情却只有通过诗歌的形式才能尽情抒发，因此，在这一阶段，他其实从未停止诗歌创作，发表了《若尔盖草原随想》（《草地》第一期）、《天鹅（外一首）》（《民族作家》第三期）、《献诗（外一首）致亚运火种采集者达娃央宗》（《诗刊》第五期）、组诗《西部草原的清晨》（《诗刊》第十二期）。

这一年，《草地》第一期还发表了两篇评论阿来的文章：张军的《阿来小说论纲》和赵智《意图与超越——从〈已经消失的森林〉说开去》。

1992年

三十三岁。阿来发表的作品有《最新的和森林有关的复仇故事》（《四川文学》第五期）、《断指》（《萌芽》第七期）、《火葬》（《四川文学》第十期）、《群蜂飞舞》（《上海文学》第十一期，《民族文学》一九九三年第四期转载）。其中，《火葬》继续着阿来的洗心之旅，人性的卑微，违背诺言，行将死去的人对镶着金子的古老电话的强烈占有欲，以及欲望对欲望的欺诈，游离于民族文化根源的矛盾与冲突在他的笔下再次被揭示。

1993年

三十四岁。发表《天火》（《红岩》第一期）（获"沃野"①农村题材作品征文三等奖）、《电话》（《四川文学》第三期）、《自愿被拐骗的妇女》（《四川文学》第五期）（沃野征文）。该年，《上海文学》分别在第五期和第十期发表了阿来的组诗《远去的风暴》（草/冰冻/永远流浪/狼/穿过寂静的村庄）和短篇小说《少年诗篇》。其中《少年诗篇》作为首篇于二〇〇四年收入小说集《阿坝阿来》。这部短篇没有扣人心弦的情节，却透出浓浓的诗意。可以说，是一个少年成长的故事；也是一个老喇嘛重新投入生活的故事；一个中年男子寻找真爱的故事。这些故事交辉成一首美丽的诗篇，诗篇中是人与人彼此信任，彼此发现和彼此承认。也许正是因为这种和谐清远的关系在现代生活中渐行渐远，所以才显得弥足珍贵。

在《远去的风暴》组诗中，阿来把草当成是"来自最沉静的生命中心"的东西，"有着闪电般的灵魂"。透过人文地理视野的

---

① 由《四川文学》《星星诗刊》《红岩》《青年作家》和《西南军事文学》五家期刊联合举办的。

观照，他知道是自然本身教会他怎样认识自然。他在《怎样注视自然》一文中提到"自然"问题，尤其强调那个被彻底遗忘了的自然本真才是自然的"重"所在。这与梭罗的"不仅要观日出和黎明，如果可能，还要瞻仰大自然本身"的感悟是一致的。我们可以看到他笔下的大地、河流、野人、银环蛇、温泉、马、鱼、槐花和田野中的味道仿佛都被赋予了灵魂，与人的生命一起飞扬舞动。阿来对自然的认识得益于他在异质文化中的穿行，使他加深了对大地的认识，汲取了博大的力量，并能在初涉文坛就摆脱了小我的自伤和哀怨，"尽力使自己的生命与一个更雄伟的存在对接起来"，最终远离轻浮与庸俗的功利写作，而在"把自然还给自然，把西藏还给西藏"这样的真实与诚挚中开始了他更加美丽与丰富的生命体验与表达，由此一步步贴近了文学的根本。①

1994年

三十五岁。该年《西藏文学》在第一期到第三期依次发表了阿来的短篇小说《红狐》《抒情诗抄：1993》（心灵假期/一个农人的画像/这些野生的花朵/致领颂者）和《在雨天歌唱》（声音/一匹红马/里面和外边/夜歌）。其中《抒情诗抄：1993》也刊登于同年《草地》第一期，而《在雨天歌唱》于一九九五年被《西藏文

---

① 王静：《阿来原乡人寻根之路的生态折射》，载《郑州大学学报（哲学社会科学版）》，2008年第4期，第148–150页。

学》的第二期再次刊登。还有，短篇小说《人熊或外公之死》则在《四川文学》的第二期发表。

可以说，从90年代开始，阿来的创作就已经呈现出一种更为宏阔的"宇宙意识"，关注人类在发展进程中，与自然发生的越来越紧张的冲突。在阿来看来，这一冲突是由人类中心所引发的，而结果则是对自然生态的严重破坏。阿来不止一次地描写人类残忍地猎杀动物。在《人熊或外公之死》中，老谋深算的猎人千方百计猎杀人熊（野人）的血腥让阿来深感困惑：人类为什么要猎杀人熊？是猎奇还是出于残忍的本性？在《大地的阶梯》中，阿来借一位藏族老人之口意味深长地回答了这个问题。当阿来问老人，是否有人尝过人熊的肉时，老人回答："人连人自己的肉都尝过，还有什么不尝。不信，你没有见过人吃老鸹肉嘛，但人人都听说过老鸹肉是酸的。人人也都知道马肉有汗水的臭。"[①]人类最初是为了生存而开发自然、利用自然，然而，人类在获得自然给予的恩惠的同时，也受到了自然的报复。这种报复不仅是生存环境的日益恶化，还在于人内心贪欲的膨胀，以及所导致的人性的恶化。如《红狐》中，当村里开始张贴保护森林、保护动物之类的宣传告示时，实际上森林已经破坏殆尽，野生动物踪迹罕至。此时，名冠一时的猎人金生被迫上交了猎枪，却意外地发现他追踪了多年的狐狸业已成精。为了

---

① 阿来：《大地的阶梯》，南海出版社2008年版，第52页。

找寻这只狐狸，他突然瘫痪，卧病三年。然而，即使如此，他在梦里也不放过这只狐狸。或许正是执着精神的支持，有一天他忽然站了起来，打死了这只狐狸。在这篇小说里，金生在梦里也被狐狸死死纠缠，他怒骂、威胁、央求，但无论如何找不到它的踪迹，甚至连一只乌鸦也预测他的结局：你快要死了。因此，最终他虽然杀死了狐狸，却在精神上是一个彻头彻尾的失败者。在阿来的文本中，我们再一次听到恩格斯早在19世纪就发出的振聋发聩的声音：人类不要过分陶醉于对自然的胜利，对每一次胜利，自然界都进行了报复。我们看到，人的行动胜利与精神惨败构成的反差，构成了阿来此类小说的恒定主题，从中可以清晰地发现《空山》系列思想的早期痕迹。

对于阿来而言，一九九四年是刻骨铭心，难以忘怀的。因为就在这一年他完成了《尘埃落定》的创作。这一年的春天，忽然有一天，阿来觉得可以开始写点什么了，并且他模糊地意识到，这一次写的东西一定和以前不一样。于是，他打开电脑，坐在窗前，面对着不远处山坡上一片嫩绿的白桦林，村子里传来杜鹃啼鸣声，多年来在对地方史的关注中积累起来的点点滴滴，忽然在那一刻呈现出一派隐约而又生机勃勃、含义丰富的面貌。于是，《尘埃落定》的第一行字——"那是个下雪的早晨，我躺在床上，听见一群野画眉在窗子外边声声叫唤"，便落在屏幕上了……[1]

---

[1] 牛梦笛：《作家阿来：写作就像湖水决堤》，载《光明日报》，2013-01-31。

然而，这部之后成为经典的长篇小说在当时却遭遇到出版社一而再，再而三的拒绝。阿来说："我这个人是一个很固执的人，那个时候我不跟任何人交流，我也不请教任何人，即便是当时功成名就已经在文坛上享有盛誉的人，我也觉得没有必要，我想他们也不一定懂我。因此，这部与那个时候主流意识形态当中关于文学的理解不一样的作品，发表起来就很困难。有出版社的编辑说，你是否可以在一些地方按照他们对文学的理解改一点，但是让他们万万没想到的是，当时我这个没有任何知名度的人的回答是，除了错别字，一个字都不改，标点符号都别动我的。不出版就不出版，但是我相信它会有一天出版的。"①就这样，《尘埃落定》辗转四年，直到一九九八年才得以正式出版。"那个时候我都换工作到成都了，也不抱任何的希望。然而，就在这个时候突然来了希望。人民文学出版社的几个编辑，他们到成都来看我们四川另外几个作家的稿子。我的朋友邓贤，也是很有名的作家，向他们推荐说有一个东西，希望他们看一看。其实，当时我都不想给他们看了，甚至都懒得打印。结果出乎意料，他们看了一点，就对我说这个稿子他们要了。"②多年后，汪兆骞在谈到阿来这段经历时说："自从那个多雪的冬日始，《尘埃落定》辗转了十几家出版社，开始黯然而漫长

---

① 《访谈阿来：我用了十年去除文革的暴力影响》，载搜狐网，http://yexiaojing.i.sohu.com/blog/view1030，2012-11-15。

② 《访谈阿来：我用了十年去除文革的暴力影响》，载搜狐网，http://yexiaojing.i.sohu.com/blog/view1030，2012-11-15。

的周游。直到有一天，我的两位也是作家的同事，到成都参加一个四川青年作家笔会，第一次见到了陌生的阿来，幸运之云才飘向了这位才华横溢埋在深山人不知的阿来。面对国家最高的文学出版社的编辑，青年作家们自然表示了很高的热情，唯独那个个头不高，脸圆而红润的家伙，依然沉静地抄手腆肚，不紧不慢地微笑着悠闲踱步。后来得知他便是那个被多家出版社退稿的阿来，我的两位同事便心头一热有了一种恻隐之心，一个遭受这般磨难不自卑消沉，依然具有这样平和自尊甚至还有点高傲的人，定不是凡俗之辈。他们向阿来要来文稿，而阿来没有与他们谈创作，作为主人，只是埋头给大伙搭帐篷……"①或许，正是阿来骨子里的坚韧、自信、孤高、恬淡才使得《尘埃落定》最终挣脱了明珠投暗的命运，横空出世，成为直到今天依然备受关注的经典。

1995年

三十六岁。阿来的诗歌创作依然没有停滞，《岩石上面》发表于《西藏旅游》第三期。同时，基于多年的创作经验，阿来阐释了自己对诗歌的理解，在《草地》（Z2期）中发表了《在新的高度上歌唱——评远泰诗集〈阳光与人群〉》（一九九六年转载于《当代文坛》第四期）。这一年，阿来主要的小说创作有短篇小说《格拉

① 汪兆骞：《闲话阿来》，载《湖北日报》，2014-01-13。

长大》（《草地》第四期）、《有鬼》（《草地》第四期，《上海文学》一九九六年第十二期转载）和《月光里的银匠》（《人民文学》第七期）。

《格拉长大》是阿来"机村素描"系列的卷首。私生子格拉同疯癫的母亲桑丹无依无靠，受尽欺辱和冷遇，但格拉却以清澈明净的心境面对世事的浑浊暗淡。在母亲桑丹分娩的那一天，格拉明白了母亲分娩自己时也是如此疼痛，他一下子长大了，他杀死了一头熊，用切身的疼痛和流淌的血完成了一个男孩的成人礼。这是格拉的成长史，也是一个民族苦难而坚毅平和的成长史。阿来在文本中没有谴责村民的冷漠和道德的伪善，而是通过这对母子简陋而本真生活的再现，表现他们以自然真实的坚韧迎击生命的力量，他们那"没心没肺的笑"是他们涅槃的精魂，由此来反讽文明与道德、虚伪与浮饰，从而以新的伦理立场来追寻一种人性本真的原生态美，彰显来自大地的力量。

阿来在论及长篇巨著《空山》的时候，曾多次提及他"拼贴画"的历史观。"多年来，一直想替一个村庄写一部历史，这是旧制度被推翻后，一个藏族人村落的当代史。在川西北高原的岷江上游、大渡河上游那些群山的皱褶里，在藏族大家庭中那个叫嘉绒的部族中，星散着许多这样的村庄。但我迟迟没有动笔。原因是，我一直没有为这样的小说想出一个合适从头到尾贯穿的写法，肯定会在呈现一些东西的同时，遗落了另外一些东西。我一直在等待天启一样，等待一种新的写法。现在我明白，这样一种既能保持一部小说结构（故事）完整性，又能最大限度包容这个村落值得一说的人物与事件的小说形式，可能是不存在的。所以，只好退后一步，采用拼贴的方式，小说的重要部分的几个故事相当于几部中篇，写值得一说的人与事，都可以单独去看，看上去都可以独立成篇。但拼贴起来的时候，会构成一幅相对丰富与全面的当代藏区乡村图景。"①可以说，《格拉长大》是《空山·随风飘散》的序曲，与阿来以后的诸多短篇，共同"拼贴"起了《空山》这部宏大而又细腻的村落史，讲述着那些不断在逝去与新生中循环的历史、现实与人生。

1996年

三十七岁。这一年，阿来虽然创作上成果不算丰硕，却迎来了他人生的一个重要转折点。阿来离开生活了三十六年的阿坝高原，来到成都。离开阿坝，对于一个写作者来说，意味着更多机会。他说："我1996年从阿坝来到成都工作生活。起初，我也无非是觉得，对一个写作者来说，相对我老家，在这里工作机会更多。那时，大家都说，成都是可爱的。因为节奏比较慢，城市中有好多茶馆，城市的外围还有好多农家乐。但我觉得，一个城市有这样一些特征固然有其可爱之处，但如果只有这个，这个城市也让我厌弃。

---

① 阿来：《一部村落史与几句题外话》，载《天津日报》，2007-04-03。

我喜欢这个城市，融入这个城市，是因为现在生活在这个城市的一些人，和过去生活在这个城市的那些人，书写并表达了这个城市。因为这些书写，这个城市才具有了审美上的价值。"①

阿来来到成都后，在《科幻世界》杂志做一名编辑。当时，正值邓小平同志视察南方谈话不久，中国社会、经济正处于转型期，刚到杂志社不久的阿来，便面临杂志社体制改革问题。实际上，真正体验社会主义经济转型的过程，也是阿来走出阿坝的目的之一。"写完《尘埃落定》后，我觉得那种情感消耗很大，写起来好像很轻松，但是写完之后很长时间没有写一个字的冲动。故事有啊，我们那个地方有很多事没有被书写过。我比内地作家有一个优势，别的作家老说没有素材，对我来讲，素材永远不是问题，是我自己没有欲望写。那个时候周围每个人开始谈市场需要什么，每个人谈市场都不懂市场，市场在哪里都不知道，一开始我也不清楚。我想既然我没有写作的冲动，正好有个机会，我就去干一下。当初的想法其实很简单，就是去探一探市场是什么，市场在哪里，市场是什么样的。原来是抱一个打工心态去的，最后做成老板，一下子就脱不了身了。"②《科幻世界》的编辑并不好当。每月一期的杂志需要大量稿件，稿件筛选就是很大一部分工作；其次，在筛稿中还得有

① 牛梦笛：《作家阿来：写作就像湖水决堤》，载《光明日报》，2013-01-31。
② 徐春萍：《作家阿来访谈录重要的是信念不可缺》，载《文学报》，2007-02-08。

敏锐的观察力，善于发现好稿。要是没有好稿，只能苦苦去约稿。一提到约稿，阿来便觉得有苦难言。"我要去找一篇好的稿子，别人不会因为我是阿来，我是名作家，我写了《尘埃落定》，就把稿子给我。做杂志这事儿，关键在于经营，那是和写作没有太多关系的另一个领域。"①当时，他在这一过程中摸索着，一路走来。原本不懂"产业化""营销"等市场话语的他，很快便适应了正在经历市场化改革的杂志社。也就是半年左右的时间，他便做上了《科幻世界》的总编辑。

1997年

三十八岁。由于忙于《科幻世界》的编务工作，这一年阿来的创作并不高产。主要的作品有散文《在生命里迎风歌唱》发表于《草地》第一期。中篇小说《非正常死亡》发表于《四川文学》第四期，（《湖南文学》同年第八期转载，更名为《小镇的话题》）这是一篇用传言构建起来的故事，展示了历史、现实、传说之间的复杂难辨的关系。中篇小说《行刑人尔依》发表于《花城》第一期。这篇小说与《月光里的银匠》都是从《尘埃落定》中摘取出来的人物笔记，是两个打磨得非常精细的中篇。当时《尘埃落定》的书稿还在各个出版社辗转。

---

① 牛梦笛：《作家阿来：写作就像湖水决堤》，载《光明日报》，2013-01-31。

1998年

三十九岁。《尘埃落定》在辗转了四年之后，终于拨开云雾，见到光明。该年一月首都举办阿来长篇小说《尘埃落定》研讨会，这是一次别开生面的研讨会，当时，《尘埃落定》书稿还静静地躺在出版社印刷厂的车间里，等待着未来不可预测的命运。作家徐坤曾专门撰文，叙写了这次研讨会和《尘埃落定》的出版过程。"话说1997年年底京城的严冬，一个叫阿来的一脸沉静的藏族青年，端坐朝阳区东土城路25号作协10楼的会议室，听一群学者诗人宣判《尘埃落定》一本奇书的命运。他面如重枣，色如佛陀，眉间一颗醒目吉祥痣，表情亦僧亦俗，深棕色的衣袍，鞋子上蒙着尘土，仿佛已经走过很远的路，无数等身著作千山万水跋涉到此。《尘埃落定》，嘉绒草原初霁的雪地和啁啾啼叫的画眉，一下就把在座汉人们的心擒住。谁也不知道这个格萨尔王的后代、年轻的游吟诗人是从哪里来的，他吟唱的一段近代藏民边贸史也仿佛熟悉又陌生。精致、绵长的汉语纪事，不仅有甲骨和雕版的硬度，更有丝绸和羊皮卷的柔软，还加上了酥油青稞酒的香醇。人们都被这部说唱史诗迷住了。谁能想到，这却是一次半民间性质的青春聚会，到会的拥趸，几乎是初出茅庐不知天高地厚的年轻人。人们更无法想象，彼时，在1997年底开这个会时，《尘埃落定》的书还压在人民文学出版社的印厂没出来，人们看到的，还仅是《小说选刊·长篇增刊》上选摘的20万字书稿。《尘埃落定》这部从1994年完成之后就在各出版社之间艰难游历的书，直到1997年才由《当代》编辑周昌义、洪清波将"疲惫的书稿"带回北京，人民文学出版社副总编辑高贤均看后称赞是部好小说，决定出版。出版社将印数定在很冒险的一万册。当此际，中间出现一个人，对阿来这部经典的问世和后来的举世闻名起了巨大的助推作用。他就是当时《小说选刊》的编辑关正文。当时他常为他们的《长篇小说增刊》到各出版社抓书稿，高贤均向他力荐《尘埃落定》，他看过后决定先选20万字发。刊物出来后，又是这个关正文张罗要开个《尘埃落定》研讨会，并且决定"不要老面孔，不要老生常谈，刊物送到新派评论家手中，还送了一句话：有谈的再来，没谈的不必勉强来。效果是奇异的，研讨会本定在四十个人左右，结果来了六十多人，很多人是知道了《尘埃落定》这部书来研讨会旁听的，很快报纸上陆续出现关于评价《尘埃落定》的文字……这下该出版社坐下来商量对策了"。[①]

　　《尘埃落定》是阿来的长篇处女作。正是这部处女作奠定了阿来在文坛的地位，也为他带来了无数的荣誉。《尘埃落定》先后获得巴金文学奖特等奖、第五届"茅盾文学奖"和第六届少数民族文学"骏马奖"长篇小说奖，至今被译成十六种语言全球发行。这部作品，被认为是历届茅盾文学奖中最好的作品之一，而阿来则是

---

① 　徐坤：《阿来尘埃如此落定》，载《人民日报》，2010-09-09。

茅盾文学奖迄今为止历届获奖者中最年轻的。当时评委会给出的评价是："小说视角独特，有丰厚的藏族文化意蕴。轻淡的一层魔幻色彩增强了艺术表现开合的力度"，语言"轻巧而富有魅力""充满灵动的诗意"，"显示了作者出色的艺术才华"。从此阿来引起了当代文坛广泛的关注，成为"当今中国文坛的一个异数，一个巨大的存在。今后的文学史写作，如要涉及20世纪90年代以来的文学，缺了你便不完整。你应当占有一席重要地位"。①对于《尘埃落定》，阿来自己的评价是："我知道我将逃脱那时中国文坛上关于历史题材小说，家族小说，或者说是所谓'史诗'小说的规范。我将在这僵死的规范之外拓展一片全新的世界，去追寻我自己的叙事与抒发上的成功。就事实而言，《尘埃落定》确实取得了成功。"②

这一年，对于阿来来说是重要的年份。不仅创作上取得了巨大的成功，工作上也一帆风顺。他升任为《科幻世界》杂志社长、总编辑，全心投入到《科幻世界》的编辑、组稿的活动中。活动策划一个又一个，杂志发行量由几万到十几万到几十万，成为发行量最大的科幻杂志。

这一年，阿来发表的作品还有中篇小说《宝刀》，发表于

---

① 阿来，陈祖君：《文学应如何寻求"大声音"》，载《现代中国文化与文学》，2005年第2期，第260-273页。

② 阿来：《世界：不止一副面孔》，载《看见》，湖南文艺出版社2011年版，第207页。

《湖南文学》杂志第七期，后由《北京文学（精彩阅读）》转载于一九九九年第四期；散文《倾听》发表于《草地》第六期。

1999年

四十岁。一月，香港明镜出版社出版了《尘埃落定》。中短篇小说集《月光里的银匠》也由长江文艺出版社出版，这部小说集是在《旧年的血迹》的基础上扩充而成，收录了他90年代后写的一些中短篇小说，使他的中短篇小说序列显得整齐而具体。这一年，阿来发表的作品还有散文《关于灵魂的歌唱》（《人民文学》第四期）。

该年五月，阿来应邀参加由云南人民出版社主办的大型文化创作出版活动———"走进西藏"。那一年，"行走文学"突然大行其道，各家出版社都策划了"走黄河""走西藏""走新疆"的活动。邱华栋在谈到当时"行走文学"的盛况时说："我记得李敬泽、龙东、林白他们走的是黄河，我和李冯、徐小斌走的是新疆，阿来和范稳等人走的是西藏。"对于当年的"行走文学"，学界褒贬不一。的确，"行走文学"作为一种商业策划，必然会带有商业资本的味道，投合民众的猎奇心理，导致行走的倒是不少，文学却越来越走出了自己的疆域，有些甚至成了散文化的旅行手册。然而，阿来的行走却保持着一贯的笃定从容，不受外界的干扰，在这一次对自己家乡的"深度行走"中，加深了阿来对家乡的理解，也增添了对家乡的眷恋。他于这一年完成了"行走西藏"丛书的写作——《大地的阶梯》。

2000年

四十一岁。《尘埃落定》获第六届少数民族文学"骏马奖"。获奖后阿来写了一篇散文《获奖感言》，并发表于这一年《民族文学》的第一期。

这一年的作品还有中篇小说《玛杰阿米》（《章回小说》第二期），短篇小说《鱼》①（《花城》第六期），诗歌《神鸟，从北京飞往拉萨》（《诗刊》第八期）。七月，人民文学出版社再版了阿来的《尘埃落定》，十一月作家出版社再版了小说集《旧年的血迹》。

这一年，阿来另一重要收获是《大地的阶梯》由云南人民出版社出版。这部十多万字的整体性的散文作品印制精美，封面的色调是藏族人民喜欢的那种深红色，沉着而凝重，带有一些神秘而黏稠的力量。"其间弥漫着一种沉思者、游走者的思考和观察，对大自然、社会、底层人民生活的境况的描述，共同构成了这部作品的血肉。"②阿来自己对这部散文集还是比较满意的，"走一趟西藏，

---

① 在《就这样日益丰盈》一书中有一篇《垂钓大西洋》比照了两国不同的人文景观和生活理念，对鱼的禁忌一点全无了，不仅如此文中还写道"今天，我还想信手取一块在手边，照了纽约人的煎法做熟，加一杯干白，犒劳一下自己"。

② 邱华栋：《阿来印象：厚积薄发的作家》，载《河北日报》，2010-04-07。

结果却全写的故乡四川藏区阿坝，写了更多的回忆而不是发现。丛书出来后，据说这一本评价还不坏。这个不坏，不是艺术水准上的评价，而是说写得真实，有干货，有个思想着的阿来在里面"。[1]由于《大地的阶梯》的写作让阿来"再一次漫游故乡大地，……再次梳理地方历史，再次寻求自己与根植其中的大地与群族的关系。正是这样的思考让写作再次停顿，并一停数年"。[2]"不是因为别的，我写作，一定要到我的情感像湖水一样蓄积得很厉害，一定要破堤而出的时候，写作才会很自然而然地发生。"[3]可以说，从一九九四年到大概二零零零年间阿来的创作属于一个积蓄期。

2001年

四十二岁。五月，长江文艺出版社出版了《月光下的银匠》。八月，人民文学出版社出版了《阿来文集》（四卷），包括《尘埃落定》《大地的阶梯》《中短篇小说卷》和《诗文卷》。此时的阿来已经是一位享有盛誉的成熟作家，而《尘埃落定》《大地的阶梯》这样大部头的写作让阿来深感他"情感的湖水"需要再一次蓄积，才能开始下一阶段的创作。于是，我们看到，这一年阿来主要

---

① 阿来：《在诗歌与小说之间》，载《青年文学》，2001年第6期，第7-8页。

② 阿来：《流水账》，《宝刀》，作家出版社2009年版，第318页。

③ 赵允芳：《以文学之眼运筹帷幄——访〈科幻世界〉杂志社长、总编辑阿来》，载《传媒观察》，2005年第10期，第12-14页。

对自己的写作开始认真反思，对文学的未来与发展有了更深入的思考。《青年文学》第六期发表阿来的四篇散文几乎都是创作谈：《从诗歌与音乐开始》《在诗歌与小说之间》《写作在别处》《我的藏文化背景》。他在《写作在别处》中写道："至今为止我只写了四五本书，但突然因一本小说而得了响亮的名声。于是，各种关于文章的约请便多起来了，各方各面的人会来请你对各种各样的事情发表看法。其实，这些事情中的很多自己并不了解，即使有所了解也是些很皮相的知识，一些很肤浅的看法。所以，最好的办法是拒绝。"①这是阿来当时创作心态的真实写照。《尘埃落定》的成功并没有使他忘乎所以，相反，他对自我有了更加清晰的认识。他要坚守文学的底线，履行一个作家的使命和责任。

这一年，阿来发表的作品还有《科技时代的文学》（《中国青年科技》第一期，这是他在全国科普创作研讨会上的发言）、《文学表达的民间资源》（《民族文学研究》第三期，《民族文学》同年第九期转载）、《穿行于多样化的文化之间》（《中国民族》第六期）。这些文章从时代、文化、民族等较为宏观的视域出发来审视文学的发展，让我们看到阿来不仅是一位富有诗意的作家，同时，也有着深厚的理论功底。因此，也就不难理解，为什么在阿来的文本中总会有一个"思想着的阿来"在自由地穿行。

---

① 阿来：《就这样日益丰盈》，解放军文艺出版社2002年版，第275页。

2002年

四十三岁。散文《走进西藏》和《词典的故事》分别发表在《四川省情》和《中学生阅读（初中版）》的第一期，还有《寻找本民族的精神》（《中国民族》第六期）和《遥远的温泉》（《北京文学（精彩阅读）》第八期）。

《遥远的温泉》是阿来在二〇〇一年随团访日期间，被有关温泉的风习所触动而作。[①]这部中篇延续了自90年代中期以来，阿来对文明的冲突、现代性的反思。在文本的前半部分阿来将措娜温泉浓缩为一个精神家园，承载着少年主人公的梦想和渴望，将族人、亲情、血缘和人性的生命之链缀连起一个温柔而充满关爱的世界。然而，当真实的措娜温泉出现在面前时，所有的梦想和憧憬都打破了。在所谓经济开发、招商引资和移风易俗的政策影响下，温泉到处都是"沾在池壁上的油垢与毛发，愚蠢的官员用野蛮的水泥封砌了天国般的美景，腐朽的木头和花脸像没有血肉的头颅在风中朽蚀"。阿来如同一个远瞻未来的预言者，将钢筋混凝土的冰冷和后工业时代人们的无所适从、身心疲惫，与渐行渐远的遥远温泉做了鲜明的对照，写出了被现代文明吞噬的诗意与温情。该文获得了"新世纪第一届《北京文学》奖"的中篇小说一等奖。

---

① 阿来：《流水账》，《宝刀》，作家出版社2009年版，第318页。

一月，散文集《就这样日益丰盈》由解放军文艺出版社出版。这本散文集中收录了阿来的许多小文章，分为"太阳攀响群山的音阶""穿越时空的视线""在寂静处歌唱""面对的姿态"四个小辑。其中不乏一些在他成名之前的人生历程和创作体验，让我们看到了一个比较全面的阿来，看到正是因为故乡大地的滋养，才使得阿来的内心世界日益丰盈。从这片大地上，他开始认识家乡，认识自然，认识宗教，认识藏文化，认识科学，呈现了他的另一种写作。"这样的写作与我执意要从事的那种文学写作不能同日而语，但是，只有这些写作和我真正的写作放在一起，才会真实呈现出我全部的写作生活。只有这样，才能更为接近生活常态下的我。"①

这一年，"阿来作品研讨会"在中国社科院少数民族文学研究所召开，评述了阿来的长篇小说《尘埃落定》、中短篇小说、散文《大地的阶梯》等作品。参加此次研讨会的除了阿来本人，还有《民族文学研究》主编包明德、评论家周政保、李敬泽、徐坤等。与会评论家、专家学者一致认为，"阿来作品无论其思想容量还是其审美境界，以及他独特的创作风格与优美的写作特点，都是20世纪90年代中国文学创作的重要收获之一"。李敬泽更进一步指出："阿来作品的语言从一开始就有一种透明的气质，在写作中以新鲜、单纯、透明的状态，真切的接近事物的质地，并变得诗意、华

---

① 阿来：《写作在别处》，载《青年文学》，2001年第6期，第9–10页。

美甚至壮丽。"①总体来看，这次研讨会对阿来90年代的创作做出了比较全面的总结和分析。

由阿来长篇小说《尘埃落定》改编的同名二十五集电视剧《尘埃落定》于二〇〇二年上映，导演闫建刚，主演刘威、范冰冰、宋佳等。尽管阿来对《尘埃落定》的改编并不满意，但总体来看，《尘埃落定》应该算作一次成功的改编。该剧于次年入围金鹰奖优秀长篇电视剧奖。

2003年

四十四岁。发表的作品有散文《诞生》（《青年文学》第一期），这是一篇创作谈，是关于《尘埃落定》如何"开始了生命的诞生过程"②。而《人民文学》第十二期发表了短篇小说《格拉长大》。这部作品既是旧作的翻新，也是阿来"再次准备上路"之前的小小试笔③。一九九五年，阿来曾在《草地》杂志上发表了短篇小说《格拉长大》，或许是对这个人物的特别偏爱，长篇小说《空山》的第一卷《随风飘逝》就是写格拉母子的故事。而在第一卷的写作完成不久，阿来又动笔重新完成了一个有关格拉的故事。张学昕在论述阿来短篇小说时，写道："据说，这篇小说是阿来在写作

---

① 杨霞：《"阿来作品研讨会"综述》，载《民族文学研究》，2002年第3期，第68—69页。

② 阿来：《诞生》，载《青年文学》，2003年第1期，第1页。

③ 阿来：《流水账》，《宝刀》，作家出版社2009年版，第318页。

《空山》的间隙中完成的，我不知道关于格拉的叙述，阿来在《空山》与《格拉长大》之间有着怎样的设计和考虑，也许这个短篇就是阿来对格拉这个人物格外偏爱的产物。这就像是好的音乐总会有余音绕梁，一些细小的尘埃仍然会在空中漂浮一段时间。阿来写《格拉长大》或许是将《空山》里意犹未尽、未能充分展开的部分进行了丰沛的表现，使其在这个短篇里成为一个新的中心。这样，短篇的格局就会使小说呈现出一种新的可能性。……其实，格拉与《尘埃落定》中的'傻子'，与《阿古顿巴》中的阿古顿巴都有着极深的血缘关系。实质上，这几个人物形象正是阿来汲取民族民间文化的内在精神力量，超越既有的现实、历史格局，探寻人物形象原生态状貌所进行的有效实践。"①

　　这一年阿来去法国，签署《空山》第一卷的法文和德文版合同，并完成《空山》第三卷《达瑟与达戈》的创作。同年五月，在美国中西部乡村旅行，异国的情景，激起了阿来对异国与本国的巨大差异这样一个现实思考，和表达这种现实的强烈欲望，这或许意味着《空山》后几卷的作品走向，即越来越具有现实冲击力。②

　　九月《尘埃落定》被人民文学出版社选为当代文学代表作，选入教育部《普通高中语文必读课程标准》。

————————

①　张学昕：《穿越叙述的窄门》，复旦大学出版社2013年版，第84–85页。

②　阿来：《不同的现实，共同的未来》，载《看见》，湖南文艺出版社2011年版，第157–158页。

2004年

四十五岁。《草地》在这一年的第一期和第三期分别发表了阿来的诗歌《冰冻》和散文《沉静的宣叙》。

这一年，阿来重要的文学活动就是关于《空山》的创作。之所以在《尘埃落定》之后，时隔多年阿来才开始《空山》的创作。阿来有一个"著名"的理论："（写作）就像轰轰烈烈谈过一次恋爱之后，马上又开始和另一个人再这么刻骨铭心地来一次，我做不到。小说写作对我来讲，不是这么简单的事。"[1]在阿来看来，文学创作必须融入个人深刻的情感体验，书写中自然就有巨大的情感投入。所以，每当他写完一部作品，都不能马上就进入下一部作品的创作。不是因为没题材，也不是因为身体太疲惫，而是经过前一度的写作，总会觉得情感上空空荡荡，再怎么努力，也没有表达的欲望。每一次提笔，对阿来来说都是一次情感的蓄积，这个过程，就如一潭山谷间的湖泊，慢慢被春水盈满。他认为，写作相当于这一湖水决堤而出，把所有情感的蓄积挥霍得一干二净。"下一本书，我得修好堤坝，等水再次慢慢盈满，再次破堤。一部长篇的写作，尤其如此。"[2]

---

[1] 牛梦笛：《作家阿来：写作就像湖水决堤》，载《光明日报》，2013-01-31。

[2] 牛梦笛：《作家阿来：写作就像湖水决堤》，载《光明日报》，2013-01-31。

显然，《空山》就是水库盈满之后的再一次破堤。第一卷《随风飘散》发表在《收获》第五期和《当代（长篇小说选刊）》第五期。后者同期还发表了阿来的散文《一部可能失败的村落史》，在这篇文章中，阿来谈到了他对《空山》的创作构思。其实，随着《随风飘散》的发表，阿来对于这部宏伟的村落史已经有了明确的创作规划与思路。"我就觉得如果说《尘埃落定》写的是上个世纪，当然这也是一个偶然，写的正好是上个世纪的前50年。中华人民共和国成立也正好是把上个世纪一划两半，到我家乡解放刚好是1950、1951年，之前如果说是一个旧的时代的结束，新时代又带来了什么呢？我就用《空山》来表达，当然换了一种方式写后50年。《空山》相比《尘埃落定》诗意的写法比较多。那种缅怀惆怅容易有诗意。《空山》是一个写意画，那个是工笔、一共六卷三部，贯穿整个50年代到90年代，而且这个时候他的形象不是一个人，主角是一个村子，通过这个村落的50年的变化来看。那么跟《尘埃落定》凑在一起刚好是我对上个世纪藏区，当然不是整个藏区，我家乡那一带四川藏区一百年历史比较完整的书写。"

《空山》六个单元的六部长篇，在相对松散的形式中拼贴出了机村在现代性进程中的全景式图谱。它们从制度、语言、宗教等不同的视角关注着机村在现代性进程中的转型、裂变和阵痛，这条中心主线如同托起花瓣的花蒂，结实而紧致，穿透枝干深深地插入泥土中。在第一卷《随风飘散》中，现代性对人性的凌迟就拉开了帷幕。"第一个故事是一个私生子与其母亲的故事,着力点始终在人的身上。这是一个很悲情的故事。故事背景是上个世纪50年代。那时,新的制度在藏族地区确立。这个制度当然大大加快了历史的进程,因为藏族社会停留在中世纪实在是太久太久了。但这个制度一来,就把人重新分类,重新划分阶级——也就是社会等级,这种划分是财产的再分配,也是政治权力的再分配。其间很多矫枉过正的做法,造成很多的人间悲剧,实在值得我们深长思之。"①

这一年,中国工人出版社出版了阿来的短篇小说集《阿坝阿来》。跟阿来其他短篇小说不同的是,这部短篇小说集都是以阿来的出生地四川阿坝为背景,收入的都是创作于上世纪80年代中期至90年代的作品,凸显出有别于其他汉语写作者的"文学田地"。阿来以真实和严肃的风格讲述了一个个藏族传奇而又浪漫的故事。为此,阿来坦言"我是一个用汉语写作的藏族人,命中注定要在汉藏两种语言之间长期流浪,看到两种语言下呈现的不同心灵景观。我想,这肯定是一种奇异的经验"。②鲜明的藏族风物人情,"成长性"的内在轨迹,甚至包括一幅阿坝地图以及到阿坝的旅行线路图,都使这部独特的短篇小说集更像是阿来引领着喜欢他的读者所作的一次从自然到心灵的奇特旅行。

---

① 阿来:《一部村落史与几句题外话》,载《天津日报》,2007-04-03。

② 汪兆骞:《一个西藏人的文学流浪——记作家阿来》,载《人民日报(海外版)》,2004-08-20。

二〇〇四年春天，中法文化年，阿来作为法国方面邀请的书展嘉宾，去巴黎待了些天。十一月，出席首届"中国多民族文学论坛"，并做了发言和交流。

该年，《小说评论》在第五期开设了"阿来专辑"，由於可训做了开篇《主持人的话》，并刊载了《写作：忠实于内心的表达——阿来访谈录》（易文翔，阿来），《自述》（阿来），《历史与人生的诗化寓言》（易文翔）和《阿来作品目录》。

2005年

四十六岁。《空山》第二卷《天火》发表在了《当代》的第三期。"《天火》有一个中心事件，即一次严重的森林火灾，火灾发生于上世纪60年代。这篇小说当然牵涉甚多，但最重要的，也是在我们这个社会具有相当普遍意义的，面对自然灾害时，我们的态度与处理方式往往使天灾连接上人祸，'文革'期间，当然是所有这种荒诞表演最为登峰造极的时期。但这种余绪，今天仍然还有相当的影响。从写法上讲，这个故事的着力点，首先是森林大火这样一个事件，然后才是事件当中的人，而且不是一两个人，是更多的人。这对写法就有了新的要求。"[①]这是阿来在创作谈《一部村落史与几句题外话》中一段话。可以看出，《天火》延续了90年代以

---

① 阿来：《一部村落史与几句题外话》，载《长篇小说选刊》，2005年第3期，第4页。

来，阿来始终一以贯之的对人与自然关系的思考，自然的不断恶化是人性的膨胀与贪婪的结果，而恶化的自然反过来又加速了人性进一步的膨胀。正如阿来在书中借巫师多吉之口所说："山林的大火可以扑灭，人不去灭，天也要来灭，可人心里的火呢？"这正是《天火》深刻的寓意所在。为了突出"天火"这一事件，阿来"对写法有了新的要求"，不是刻画一两个人，而是更多的人。这种突出事件而相对淡化人物的写法，似乎意味着一种向古典叙事传统的回归。

这一年，阿来发表的其他作品有《我看陈霁的散文》（《美文（上半月）》第一期），这篇文章记述了阿来和曹万生、麦家、脚印、王干等人对陈霁的散文的观点。还有《有趣的比照》（《飞·奇幻世界》第三期），《刘玉栋：十年传奇指环王》（《当代体育》第三期）和短篇小说《梦魇》（《上海文学》第七期，《民族文学》同年第十一期转载）。

此时的阿来已经是当代文坛上最具影响力的作家之一，面对荣誉阿来感受到更多的压力，也对自己的创作有了更深的思考。《中国现代文学与文化》第二期发表了阿来与陈祖君的对话录《文学应如何寻求大声音》，创作谈《一部村落史与几句题外话》发表于《长篇小说选刊》第三期，表达了一名藏族作家对于汉语写作的总结和探索。

三月，阿来受邀去美国进行目标为"美国本土的少数民族裔的生存状况和美国乡村"的考察。在去美国之前的送行宴上，阿来为新作起名为《空山》。不是"空山新雨后，天气晚来秋"的空灵与写意的路数，而是阿来为了克制自己"清晰的痛感"而刻意保持距离从高处俯瞰人间的"空山"。①

该年，《当代文坛》开设了"阿来《空山》评论小辑"，包括姜飞的《可持续崩溃与可持续写作——从〈尘埃落定〉到〈空山〉看阿来的历史意识》、付艳霞的《指挥一部混沌的村落交响曲——评阿来的〈空山〉》和翁礼明的《悖论中的隐喻——评阿来的长篇小说〈天火〉》。

阿来的中篇小说单行本《遥远的温泉》《奥达的马队》和《孽缘》在四川民族出版社出版，而《尘埃落定》被人民文学出版社和中国出版集团、人民大学出版社再版，四川文艺出版社在五月推出了小说集《尘埃飞扬》。

2006年

四十七岁。发表的作品有《汉语：多元文化共建的公共语言》（《当代文坛》第一期）（该文是中韩作家对话会上的演讲篇目），《一个藏族文化"秘史"》（《四川文学》第三期），《非主流的青铜》（《中国西部》第十二期）。

这一年，阿来有很长时间待在法国，游走在巴黎及法国其他

---

① 阿来：《有关〈空山〉的三个问题》，载《扬子江评论》，2009年第2期，第1–5页。

地区，巴黎的气息使阿来把目光集中在法兰西的历史，在市政图书馆、巴黎大学图书馆，他搜罗了很多有关法国文化历史的书籍。这段时间，阿来还与德国作家特洛亚洛夫进行了一次对话。这让他的文学视域放得更宽，对文学的世界性等问题有了更深的体会。

八月，长篇小说《空山》第三卷《达瑟与达戈》发表于《芳草》杂志（《当代（长篇小说选刊）》二〇〇七年第一期转载）。《达瑟与达戈》讲述的是机村"读书人"达瑟和红军达戈的故事。达瑟走出机村去读书的时候，正赶上"文革"，他不得不带着书返回机村。红军达戈在路过机村时遇到了金嗓子美女色嫫，一路追着她来到机村，在机村实现了当猎人的少年梦想。然而机村终究不是梦想的舞台，达戈寄托在色嫫身上的爱情最终空梦一场。最后，杀了人的达戈被公安围捕，潜逃中他选择了与熊同归于尽。与《空山》第一卷《随风飘散》一样，《达瑟与达戈》同样讲述了在现代性进程中，边缘文化所遭遇的围剿与毁灭。对于《达瑟与达戈》中讲述的狩猎文化，阿来表示，在他的家乡，狩猎是一个很优秀的文化传统。乡村的好猎手就是一个乡村的英雄，许多年轻人会把他作为榜样。"但随着乡村生态平衡的破坏，山上的猎物渐渐稀少，直至最后荡然无存。当没有了猎物的时候，猎人的悲剧也就随之发生。小说中的达戈与格桑旺堆就是机村最后一代猎人，为了寻求最体面的死法，他们情愿与熊同归于尽，而不愿死在人的枪口之下。"阿来说，达戈只是千万村庄万千狩猎人的写照，《达瑟与达戈》的写作可以算是对最后一代狩猎人的无尽怀想。张学昕在谈到这部作品时，特别指出："这一卷的起始和大部分内容，是在美国印第安纳完成的，这时，他已经在异国的广袤乡村和乡野，深切地感受了那里时代的文明和进步所带来的成果和冲击力。我想，这次旅行必定在相当大的程度上影响和改变了《空山》写作既有的一些设想。我似乎也渐渐明白了阿来为何选择在这里开始《达瑟与达戈》的写作。文明和知识，人类社会的发展进步，与传统技能之间存在着错综复杂的微妙联系，对于写作者阿来而言，在这个情境中，美国与中国的文化地气一定得到了某种神秘的联系和沟通。所以，阿来在这一卷的开头，满怀深情地表述了他写作达瑟这个故事的情感、精神动力。也许，这个故事中的主人公，与阿来生活中所熟悉的原型太接近了，阿来也希望在小说与生活之间建立起某种无需任何中介的直接联系，让他们一同起到打动阅读的力量。"[1]

这一年，阿来离开了《科幻世界》，辞去所有职务，正式调入四川省作家协会，成为一名专业作家。

2007年

四十八岁。这一年是阿来创作的丰收年。"机村人物素描"和"机村事物笔记"等从《空山》中剥离出来的短篇已经完成。

---

[1] 张学昕：《穿越叙述的窄门》，复旦大学出版社2013年版，第181页。

《人民文学》第二期中刊登了《瘫子，或天神的法则——机村人物素描之一》《自愿被拐卖的卓玛——机村人物素描之四》和《脱粒机——机村事物笔记之五》。《上海文学》在第三期则刊登了《马车夫——〈空山〉人物素描之三》和《喇叭——〈空山〉事物笔记之六》。还有《机村人物素描》（《小说月报》第四期）、《阿来小说二题电话番茄》（《小说月报（原创版）》第五期，《花城》二〇〇八年第四期转载）。八月，阿来将这些"机村"短篇收束成集，以第一篇《格拉长大》命名，由东方出版中心出版。

该年，长篇小说《空山》的第四卷《荒芜》和第五卷《轻雷》分别发表于《长篇小说选刊》S1期和《收获》第五期。《荒芜》讲的是机村在三年自然灾害期间的困难生活。当年的老红军驼子在机村落户，为实现了拥有土地的梦想而狂喜。然而，土地的荒芜和人心的荒芜使得驼子无法继续梦想。灾难过后，重获土地的驼子实现的不过是卑微者最卑微的梦想。可以说，《荒芜》直接讲述了"文革"对于机村的冲击。这种冲击与藏地文化的结合，体现出来的注定是与众不同的面貌。小说始终关注的是沉潜在政治底部的、亘古不变的人的物质需要。绿色家园的永久丧失和瞬间降临的荒芜一样，都充满了阿来特有的意境："静故了群动，空故纳万境"。

《轻雷》则生动形象地塑造了藏族青年拉加泽里这一人物形象。在机村这个经济意识萌动的小社会里，他不择手段以求迅速脱贫致富，为了钱不惜铤而走险。阿来认为，拉加泽里的独特之处在于他的复杂性。他说："拉加泽里这个人，机灵中有点狡猾，但又不失厚道仗义。有时候他显得很有见地，敢作敢为；有时候他又表现得很犹豫、隐忍。"在机村这个染缸式的小社会里，接受过教育的拉加泽里没有被金钱吞噬，在疯狂致富的同时，他还独守自己内心的良知和责任。"看到将死的老人崔巴噶瓦将亲手编结好的五彩经幡，挂到即将被砍伐的落叶松上，他幡然醒悟。他是许多接受过现代教育的青年的缩影。"①

四月，《空山·达瑟与达戈》获《芳草》"女评委"大奖，为此，阿来写了名为《不同的现实，共同的未来》的答谢词。

这一年，阿来发表的作品还有：《你们聊我先走了》（《北方音乐》第一期）、《新生事物》（《花城》第一期）、《局限下的写作》（《当代文坛》第三期）、《向民间学习》（《民族文学》第三期）、《在生活中找自己》（《城乡致富》第六期）、《用汉语写作的藏族人》（《美文（下半月）》第七期）、《鱼》（《文苑》第十一期）等。

这一年，《当代文坛》第三期开设了"《空山》评论小辑"，包括南帆：《美学意象与历史的幻象》、吴义勤：《挽歌：唱给那些已逝和正在逝去的事物——评阿来的长篇新作〈空山〉》、王澜：《透视〈空山〉的文化意义——评阿来的长篇新作〈空山

---

① 卜昌伟：《阿来终结〈空山〉系列》，载《京华时报》，2009-02-09。

2〉》、付艳霞：《西藏·阿来·小说——评阿来的长篇小说〈空山2〉》、阿来：《局限下的习作》。

2008年

四十九岁。《空山》第六卷《空山》在《人民文学》第四期上发表。从二〇〇四年《空山》第一卷的发表，到二〇〇八年第六卷的发表为止，《空山》的六卷已经全部发表，并于二〇〇八年由人民文学出版社陆续出版了长篇小说《空山》三部六卷。

《空山》是阿来创作的第二部长篇小说。算起来，这部小说的写作与完成距离他的成名作《尘埃落定》的写作竟达十年之久。其间，阿来虽然从未间断过文学创作，但在长篇小说被称为"时代文体"的今天，相隔十年的长篇小说创作，对于创作力正处于旺盛时期的阿来，应该是非常"低产"的。显然，阿来有着自己坚守的创作准则，他要等待情感的湖水蓄满的时候，才会一泻千里，从而寻找写作的某一种纯粹。他的写作在我们这个"表意焦虑"的时代，实在是难能可贵的。我们看到的六卷本《空山》的确是这样一部饱含情感的满溢之作。阿来想要复现一种有关故乡、生命和存在的精神记忆，而其中所蕴藉的，却远远不是个人记忆所能承载的一种异常强大的力量，那关乎一个民族或者整个人类的沉浮和兴衰。历史被扇面打开，时间如无法落定的尘埃，文化的积淀和沉寂，也像浓重的暗影，在字里行间纵横交织。以"空山"这个大意象，从一个文化的、文学的视域，来耙梳人类的日常生活。

阿来凭借这一年《空山·第六卷》（《人民文学》二〇〇八年第四期）获得了第七届"华语文学传媒大奖·2008年度杰出作家"奖。授奖词这样写到："阿来是边地文明的勘探者和守护者。他的写作，旨在辨识一种少数族裔的声音，以及这种声音在当代的回响。声音去到天上就成了大声音，在地上则会面临被淹没和瓦解的命运。阿来持续为一个地区的灵魂和照亮这些灵魂所需要的仪式写作，就是希望那些在时代大潮面前孤立无援的个体不致失语……阿来刻写了这种巨变给人带来的痛楚，也感慨于喧嚣背后那无边无际的静默。他以优雅、写实的文学修辞，为自己创造了一个语言的故乡，也为这个时代保存了一份沉重的悲伤。"在颁奖当天，阿来也做了获奖演说，题为《人是出发点，更是目的地》，这篇获奖词后由《黄河文学》二〇〇九年第五期刊登。

这一年，阿来的文学活动十分频繁。四月十五日，阿来从成都飞抵北京，他此行的目的是参加《当代作家评论》杂志举行的多卷本长篇小说《空山》的研讨。又于十六日凌晨接受中央电视台《面对面》栏目主持人董倩的专访。二〇〇八年十到十一月期间，去墨西哥、巴西、阿根廷做了一次不太长的旅行，既是与"文字中神会过的地理与人文遭逢，一方面，也是对自己初上文学之路时最初旅程的一次回顾"。①

　　一月，南海出版公司发行《大地的阶梯》图文珍藏版。这一年，阿来发表的主要作品还有：《四处行走》(《红豆》第一期)、《悼亡——献给所有5·12地震死难者》(《草地》第四期、S1期)、《阿来小说二题》(《秤砣》《蕃茄江村》)(《花城》第四期、《小说月报》同年第九期转载名为《小说二题》)、《〈藏地密码〉，或类型小说》(《出版广角》第九期)、《草，草根，及其他》(《文苑(经典美文)第九期》、《土地与庄稼的联想》(《今日国土》第十一期，《文苑(经典美文)》二〇一〇年第十一期转载)、《掬取比意识和理性更深沉的东西——钟正林小说印象》(《中国作家》第二十二期，《小说月报》二〇〇九年第一期转载)。九月，四川文艺出版社出版了阿来著、榕榕译的《生命之歌：中国四川汶川地震诗抄(汉英对照)》。

　　《文艺争鸣》二〇〇八年第二期，开设了"阿来小说论"，包括郜元宝《不够破碎——读阿来短篇近作想到的》和袁盛勇《未曾落定的言说与存在——读阿来小说》。

　　2009年

　　五十岁。《人民文学》开年第一期刊登了阿来的散文《大地

---

① 阿来：《我只感到世界扑面而来——在渤海大学"小说家讲坛"上的演讲》，载《当代作家评论》，2009年第1期，第22–28页。

的语言》（《散文选刊》同年第六期转载），获《散文选刊》杂志社组织评选的"2009年度华文最佳散文奖"，并在二〇〇九年度华文优秀散文排行榜中名列榜首。而《青年作家》同年第一期发表了《没有一种固定不变的民族文化》。这一年阿来发表的作品还有诗歌《风暴远去》（《诗选刊（下半月）》第二期）、《有关〈空山〉的三个问题》（《扬子江评论》第二期）、《〈守望牧歌〉序》（《草地》第三期）、《熟悉的与陌生的》（《民族文学》第十期）等。此外，《全国新书目》第十七期发表了《珠牡姑娘》，这是在《格萨尔王》正式发行之前，在其内容中选取的一段。《长篇小说选刊》的第四期转载了《空山》第六卷《空山》，并在其"创作谈"栏目中选载了《有关〈空山〉的三个问题》中的第一部分《什么样的空？什么样的山？》。作家出版社再版《尘埃落定》和《宝刀》。五月，人民文学出版社出版了《空山》三部曲合集本。

九月四日，"重述神话"①系列之《格萨尔王》在北京国际图书博览会上首发，英、德、法、意、日、韩六种语言版本在二十多个国家同步发行。"重述神话"系列是全球三十多个国家和地区的

---

① "重述神话"是由英国坎农格特出版社发起，包括英、美、中、法、德、日、韩等四十多个国家和地区的知名出版社参与的首个跨国出版合作项目。2005年3月13日英国出版"鬼才"坎特门农出版社（著名出版人杰米·拜恩发起）在伦敦召开"重述神话"全球新闻发布会之后，它从英美国家向周边扩展，已加盟的丛书作者包括诺贝尔奖、布克奖获得者及畅销书作家，如大江健三郎、玛格丽特·阿特伍德、齐诺瓦·阿切比、若泽·萨拉马戈、托妮·莫里森、翁贝托·艾科、苏童、阿来等。重庆出版社是"重述神话"项目在中国大陆的唯一合作机构。

知名出版社参与的全球首个跨国出版合作项目。它不是对神话传统进行学术研究，也不是简单的改写和再现，而是要根据自己的想象和风格创作，并赋予神话新的意义，是一场远古神话在当代语境下的复苏。谈到这个项目时，阿来说："大概动员了全世界一百个作家吧，我们共同完成的，不同民族的，都来共同做一件事。那么为什么要做这个事情，因为在大部分的人群中，神话已经是非常古老的回忆，因为现在这个小说，我们看到有一百多个作家来做，当然在我之前只有苏童来参与这个事情，后来找到我，我不认为我有多大的潜能，重要的是他们觉得藏族文化在整个中国文化当中，有它自己非常显著的特色，尤其是有一部非常伟大的作品——神话史诗《格萨尔王》。"[1]

　　阿来在接受"新浪读书"的独家专访时提到，创作《格萨尔王》难度最大的在于对于资料的取舍，作为目前世界上最长的史诗，《格萨尔王传》长达150多万行，而且由于民间艺人的口头传唱，使得这部史诗没有一个固定的版本。在这样一个浩大的文本体系中进行取舍的确困难重重。而阿来本人的创新就在于加入了现代人感受，以及作为书面文学的感受，但绝没有颠覆性的改写，目的就是要向伟大的民间口头文学表示敬意。[2]关于写作的框架，阿来

---

[1]　阿来：《从〈格萨尔王〉历史里感悟藏族人生活》，载搜狐读书频道，2009-09-17。

[2]　阿来：《〈格萨尔王〉最难之处在于取舍》载新浪读书频道，2009-09-04。

说："写作将从《格萨尔王传》最初的主干部分开始，故事将由两条主线交叉并行推进，一条主线是围绕格萨尔王展开的，大家不会特别陌生，但故事会更具象；另一条线索则围绕着一位神秘的陌生人展开，这个人其实是那个时代西藏人的代表。"①阿来所说的陌生人，就是故事的叙述者晋美。阿来将他所接触的众多格萨尔说唱艺人的经历、性格和情感，浓缩到了小说叙述者晋美的身上。作为神授的格萨尔艺人，晋美具有梦中通神的本领，并在梦中与格萨尔王相会。对于这种双线结构，阿来解释说，由于《格萨尔王》故事量庞大，在重述中必然有所剪裁，如果让自己出面去剪裁，则会显得突兀。现在有了一个说唱艺人，让他出现在舞台之上，自由地进出剪裁则更自然。另一方面，小说既有过去的线索，也有今天的线索，一前一后，就让两条线索之间的藏族社会生活现实有了对比，也能让小说中的宏大叙事与细致的心理刻画水乳交融，既富有民族性格，同时也不乏时代精神。

这一年的三月，阿来当选四川作家协会主席。六月，受聘为大连理工大学住校作家。十月十三日，第六十一届法兰克福国际图书博览会在德国召开。《格萨尔王》作为中国代表团的重要书目向世界推介，而阿来则作为出席法兰克福书展中国主宾国作家团重要成员之一，于十二日抵达德国。他是日程被本次书展排得很满的一

---

① 《格萨尔王传：阿来准备了一辈子的小说》，载搜狐读书频道，2009-01-05。

位。在十四日的中德文学论坛上，有着藏族身份的阿来就全球化趋势下如何保持民族文化这一主题发表演讲，题目为《没有一种固定不变的民族文化》。他的德文版新书《遥远的温泉》在十六日举行新书见面会，旧作《尘埃落定》等也在十七日法兰克福大学举行作品朗诵会，十七日晚主办方围绕《格萨尔王》创作及西藏文化发展举办专题研讨会，而这也是法兰克福书展中国主宾国重要活动之一。在《没有一种固定不变的民族文化》的演讲中，阿来主要谈到了全球化语境中的文化多元化问题。他指出："我所能做的，只是在自己的作品中记录自己民族的文化——在全球化的背景下，她的运行，她的变化。文化在我首先是一份民族历史与现实的记忆。我通过自己的观察与书写，建立一份个人色彩强烈的记忆。"[1]

十二月二十日，由中国作协、四川省委宣传部、四川省作协、重庆出版集团联合举办的阿来《格萨尔王》作品研讨会在中国作协举行。中国作家协会主席铁凝出席会议并讲话，中国作协创研部主任胡平主持研讨会，国内二十余位学者出席并作了热情洋溢的评论发言。与会者认为，相对于重述神话系列的前几部作品，阿来挑战了难度极大的题材，体现了当代文学叙事能力的高度水平，使藏族史诗所承载的藏族民族精神得到深度的挖掘，引人深思神话的现代意义和普世价值。阿来既虔诚敬重又坚持用现代的眼光演绎说唱史

---

[1]　阿来：《看见》，湖南文艺出版社2011年版，第167页。

诗。评论家认为，《格萨尔王》这部长篇小说的面世，成为又一本中国文化走向世界的标志性作品。

《当代作家评论》二○○九年第一期开设"阿来研究专辑"。包括何言宏、阿来：《现代性视野中的藏地世界》；张学昕：《朴拙的诗意——阿来短篇小说论》；何平：《山已空，尘埃何曾落定？——阿来及其相关的问题》；在"小说家讲坛"中刊登了阿来的演讲稿《我只感到世界扑面而来——在渤海大学"小说家讲坛"上的讲演》。

2010年

五十一岁。《人民文学》的第一期发表了散文《香茅的茅，高台的台》。这篇散文是二○○九年秋天阿来跟随人民文学杂志社组织作家采风团赴茅台镇一行之后所作。散文《一本书与一个人》则发表在《文学界（专辑版）》第四期。这一年的《当代文坛》"批评与阐释"栏目中发表了阿来与陈晓明合作的《〈康巴〉二题》，就达真的小说《康巴》做了一定的阐释和评价；而《民族文学》则节选了部分内容结成一篇，名为《达真，扎根在康巴高地上的写者》发表于同年第九期。《海燕》第七期发表了《成都物候记》。香港明报月刊则出版了小说《遥远的温泉》。

其中，《成都物候记》是阿来散文中非常优秀的作品，也是在结束《格萨尔王》创作后，在写作上的一次新尝试。"《格萨尔王》写完之后，我再动一个字的想法也没有了。"于是，《格萨尔王》杀青后，趁着到康巴之际，阿来拍摄了大量照片，山川河流、花草树木都是他的拍摄对象，因为拍得太多，每天他都要借数据线拷贝到电脑上去。据他透露，他这几年拍的这类照片已经有好几万张了。阿来一身行头已经颇有摄影家的感觉。"我在旅行的时候发现，对自然界一无所知是很可怕的，所以我就慢慢读地理学、生物学的著作，建立这方面的知识。"

显然，《成都物候记》是阿来做了大量"功课"的成果。阿来说："这样直到2010年，旧病发作，进医院，手术，术后康复。一时间不能上高原了。每天就在成都市区那些多植物的去处游走。这时蜡梅也到了盛放的时节。我看那么馨香明亮的黄色花开放，禁不住带了很久不用的相机，去植物园，去浣花溪，去塔子山，去望江楼，将它们一一拍下。过了拍摄的瘾还不够，回去又检索资料，过学习植物知识的瘾，还不够，再来过写植物花事的瘾。这一来，身心都很愉悦了。这个瘾过得，比有了好菜想喝二两好酒自然高级很多，也舒服很多。自从拍过蜡梅，接着便大地回春，阴沉了一冬的成都渐渐天青云淡。玉兰，海棠，梅，桃，杏，李次第开放，也就是古人所说春天的二十四番花信的接踵而至。于是，我便起了心意，要把自己已经居住了十多年的这座城中的主要观赏植物，都拍过一遍，写上一遍。其间，从竺可桢先生的文章中得来一个词：物候。便把这组原来拟命名为成都草木记的文章更名为《成都物候记》一一写来，加上自己拍的照片，陆续发在我的新浪博客上。没想到就有网友送上称赞，甚至订正我的一些谬误，更有报刊编辑来联系刊发。本来是在写作之余娱乐自己的一件事情，居然有人愿意分享，这对我也是一种鼓舞。本来计划一年中，就把成都繁盛的花事从春至秋写成一个系列。也许是做这件愉快的事情，身体康复也比预计快了很多，我这个不能在一个地方待着不动的人，便频繁离开成都，去深入青藏高原，去国内国外开阔眼界，出去一次回来，往往已错过了某种植物的花期。以至于一年可以完成的事情，竟用去了两年时间。既便如此，还是有几种该写的还没有写，就有凤凰联邀约结集出版，若有补写，也要待到有机会重版时加入了。"①

《成都物候记》把科普的、游历的、城市人文这几者原本互不交集的书写融为一体，并以这种方式切入一个城市的历史、文化与性格。这样的写作，其实更需要丰富的知识，书中也有对《华严经》《本草纲目》，古印度吠陀《创世颂》等不同门类知识及内容的引用。这次看似轻松甚至有些娱乐的写作，阅读与准备并不简单。

六月，阿来作为《成都商报》征集的"草根记者报道世界杯"的写手亲赴南非，用自己的眼光去看待和报道这届世界杯。

这一年，阿来还出任建党九十周年的献礼影片《西藏的天空》的编剧。第一次"触电"的经历，让阿来对影视创作有了新的认识。

---

① 阿来：《成都物候记·序》，载《海燕》，2010年第7期，第492页。

他认为，电影是一种工业化大生产的产物，要有各种各样不同的人参与进来，这是令小说家"感到害怕"的。"我写完小说交给出版社，如果对方要求我改，我就会说，在交稿前我已经把所有可能性考虑到了，让我改，除非是错别字，否则潜台词就是不喜欢这部作品，那就换一家出版社吧。""电影和小说确实是不一样的。在小说创作中，我自己始终坚持这样的美学想法。不是每个冲突都要很激烈、很满，对人物的理解和情感的走向，可以写得沉一点；但真正做电影时，要把各种冲突在短时间内表演出来。"他举例说，比如《西藏的天空》，小说笔法写了三个场景的戏，但导演导下来，发现压缩在一场戏里也足够了。"电影是一个团队的事，我跟制片人和导演都说了，好了是大家的好，如果失败，大家也一起担。"阿来将电影编剧这个身份作为自己人生的另一种感悟。

《当代文坛》二〇一〇年第二期的"焦点"栏目开设了"阿来研究专辑"，包括梁海：《"小说是这样一种庄重典雅的精神建筑"——作家阿来访谈录》；张学昕：《孤独"机村"的存在维度——阿来〈空山〉论》；梁海：《神话重述在历史的终点——论阿来的〈格萨尔王〉》；宋先梅：《文化的气脉与古歌的余韵——评阿来长篇小说〈格萨尔王〉》。

2011年

五十二岁。这一年依然是阿来长篇写作的"间歇期"，利用这个"间歇",他写了大量的散文、随笔、对话录。《阿尔泰山去来》（《新疆人文地理》第二期）、《山与湖》（《新疆人文地理》）、《带着"落花"回家》（《中国作家》第三期）、《宣汉百里峡记》（《新作文》第三期），《文学和社会进步与发展》（《青年作家》第六期，后由《时代文学（上半月）》同年第十一期转载）、《乡村叙事的可能性表达——兼及长篇小说〈曾溪口〉》（《青年作家》第七期）、《金沙江边的兵器部落》（《文苑（经典美文）》第七期）、《玉树记》（《散文选刊》第十期，《中国作家》同年第二十二期转载）、《远游的植物》（《文苑（经典美文）》第十期）、《果洛的山与河——果洛记之二》（《时代文学（上半月）》第十一期）。此外，《西湖》第六期发表了阿来与姜广平对话录《"我是一个藏族人，用汉语写作"》，这是阿来在中意文学论坛上的演讲篇目；还有《中华读书报》于十二月十四日刊载了由舒晋瑜编写的《写生活：作家挂职记（叶广芩·阿来）》。

五月，台湾麦田出版公司出版了《空山》，同月《尘埃落定》和《格萨尔王》由台湾联经出版社出版。散文集《看见》由湖南文艺出版社七月出版。"《看见》精选了阿来近年来创作的散文作品40篇，反映了其行走的经历和读写心得。其中，有对熟悉的西南少数民族地区的自然和人文风光的新观察，有对在病床上经历的点点滴滴的感悟，有对文学新的理解和自己作品新的反思，全书再次真实地记录了作家成名后新的生活体验和思想轨迹。文字清新、朴素，充满了抒情的气质。读阿来的小说，就像在听他讲一个个美丽的故事和传奇；读阿来的随笔，则像走进他真实的生活和内心世界。"[1]"阿来的散文，从某种程度上说，就是一种多维度交织的散文，一种有声音的散文，也是一种重的散文。它的重，就在于他那干净的文字后面，从来就没有停止过对世界、人生和存在的追问。"[2]"阿来的随笔充满了对工业文明深层次的思考，对不同文化之间进行对比、梳理，有纵与横的比较，有内与外的比较，有中与西的比较。可谓是一曲生活交响曲，更是时代的进行曲，但它是多声部的。"[3]

2012年

五十三岁。一月，作家出版社再次再版《尘埃落定》。三月，出版散文集《草木的理想国》，这本书是在二〇一〇年发表的《成都物候记》的基础上，加工完善而成的。以轻盈明快的文风讲述了成都地区四季的花卉，有照片、有诗文、有情怀，更有作者对身边世界的热爱！

这一年，阿来发表的作品还有：《成都物候二题》《文学对生活

---

[1] 阿来：《看见》，湖南文艺出版社2011年版，内容简介。

[2] 谢有顺：《看见·推介语》，湖南文艺出版社2011年版。

[3] 胡平：《看见·推介语》，湖南文艺出版社2011年版。

的影响力——为伦敦书展所作的演讲稿》（《厦门文学》第十期），《小篇幅也是大小说——序小说集〈穿越2012〉》（《青年作家》第十期），《民歌，我珍重的民间表达》（《广播歌选》第三期），并在《文苑》经典美文七、八、九三期连续发表《兔子和格拉》。

《文艺评论》第一期开设"阿来评论小辑"，包括张学昕的《阿来的植物学》、梁海的《阿来的意义》、高小弘的《精神原乡的灵魂叙事——读阿来的长篇小说〈空山〉》、王玉春的《艰难的"超越"——论阿来〈空山〉史诗叙事的诠释与建构》和王妍的《卑微灵魂的精神向往——读阿来的〈行刑人尔依〉》。吕学琴的《阿来长篇小说十年研究综述》发表在《当代文坛》二〇一二年第四期。

2013年

五十四岁。在经历了创作长篇《格萨尔王》的"间歇"之后。阿来的又一部长篇力作《瞻对：两百年康巴传奇》发表在《人民文学》二〇一三年第八期上。这是阿来长期深入康巴藏区查阅各类相关史料完成的，重现了从清廷、民国政府到共和国新政权初期两百年对瞻对以及康巴地区统辖的历史状况。不同于以往的创作，阿来这一次采用的是"非虚构"的手法。所谓非虚构文学写作是指一切以现实元素为背景的写作行为。这一概念首先被西方文学界所引用，亦被称之为"第四类写作"，这种文学形式因其特殊的叙事特征被誉为新的文学可能性。

《瞻对：两百年康巴传奇》以一个瞻对土司部落为载体，追述了该土司自清朝至新中国成立二百余年的命运变迁，重构了汉藏交会之地的藏民艰难而又独特的生存境域，并借此传达了阿来对于川属藏族文化的现代反思。康巴藏民自古以来就居住在茶马古道之上，扼守着川藏交通的要塞。由于受到特殊的地理环境和社会体制的影响，他们既不同于西藏地区的藏民，又迥异于川西的汉民。他们同样信奉藏传佛教，但他们又常常游离于宗教之外。阿来就是从这种存在入手，精心选择了最具代表性的"瞻对"土司作为考察对象，从微观史着眼，以一个小小土司的兴衰，不动声色地踅入历史深处，复活了康巴藏民复杂而又坎坷的记忆。

十二月，《瞻对：两百年康巴传奇》获茅台杯人民文学奖"非虚构"类小说大奖。

这一年，阿来发表的作品还有，《草地》杂志发表了《春天记》（第Z1期）、《文学的诗性表达》（第一、二两期）三篇文章，以及《翻译是推动社会进步的力量》（《民族文学》第十一期）、《达古的春天》（《四川文学》第九期）、《桂》（《文苑》八期）、《雪域精灵与世界的相遇——记油画家林跃》（《艺术市场》第二十三期）、《好小说的两个标准》（《小说评论》第二期）、《一滴水经过丽江》（《文苑》第三期）、《草木的理想国：成都物候记》（《青年作家》第一期）。

《名作欣赏》发表了阿来评论专辑：《阿来的文化身份及其叙述策略》（刘涛）、《阿来：异质经验与普遍感受——读阿来短篇小说〈血脉〉》（张莉）和《阿来：何谓理想国》（张艳梅）。这一年，有关阿来的研究文章还有张学昕的《小说的行旅——阿来的几个短篇小说》（《长城》第九期）等。

十二月，"阿来研究中心"在四川大学成立，曹顺庆教授任研究中心主任。阿来受聘为该中心名誉主任。这是国内第一家对阿来进行专门研究的研究机构，同时，该中心也将进一步挖掘四川作家及西南少数民族作家的学术研究，开展少数民族文学与文化研究。

2014年

五十五岁。《瞻对：终于融化的铁疙瘩——一个两百年的康巴传奇》由四川文艺出版社出版。中篇小说集《格拉长大》由江苏文艺出版社出版。中短篇小说集《宝刀》由中国盲文出版社出版。

《瞻对：终于融化的铁疙瘩——一个两百年的康巴传奇》的出版，引发了广泛的关注，洪治纲指出："一个民风雄强、号称铁疙瘩的部落，已经散落在记忆深处；一段漫长、复杂而坎坷的民族纠葛史，也渐渐淡出人们的视野。作为川属藏民的后代，阿来通过自己的反思和重审，再度重构了这段历史。它是瞻对的精神秘史。从某种意义上说，也是整个中国人的精神秘史。"（《〈瞻对：两百年康巴传奇〉：一部川属藏民的精神秘史》）更多的关注聚焦于这部作品的非虚构文体形式，大量原始资料的引用，努力体现"博考文献，言必有据"的创作原则无疑是一次有益的尝试，但也有学者提出了质疑。"《瞻对》书写的是历史，大量引用历史文献，其内容大致都有文献依据，所以具有历史的性质，具有非虚构性。《瞻对》从根本上又是小说，在对历史文献的主观选择以及小说家方式的加工和改造的意义上，它是虚构的，在讲故事的意义上它是虚构的。《瞻对》作为一种新的小说形式探索是有益的，但这种探索不具有普遍意义，它是一种突破，但这种突破的文学意义并不大，它不能发展成为一种小说模式，不能广泛地推广和运用。"（高玉：《〈瞻对〉：一个历史学体式的小说文本》）

2015年

五十六岁。散文集《语自在》由重庆出版社出版。阿来的一本生活哲思散文，在"大地的咏叹""草木之名之美""病中读书记"三个小辑中，表现出一个优秀作家的"天赋"。其深邃的思想、独特的个性化语言、自由的文体和结构，令人瞩目。

这一年，阿来的重要收获是完成了三部中篇小说"山珍三部"的创作。《三只虫草》（《人民文学》二〇一五年第二期）、《蘑菇圈》（《收获》二〇一五年第二期）和《河上柏影》。阿来说："有十年没写过中篇了。十年前在日本访问时，泡那里的温泉，突然想起青藏高原上的温泉，写了一篇《遥远的温泉》。后来就再也没有写过了。今年突然起意，要写几篇从青藏高原上出产的，被今天的消费社会强烈需求的物产入手的小说。第一篇，《三只虫草》；第二篇，《蘑菇圈》；第三篇，《河上柏影》。"所谓"山珍"，是藏地的三种珍奇物产：虫草、松茸、岷江柏，它们之所以成为"山珍"并非历史和文化使然，而是纯粹由现代消费社会的需求所导致。阿来说，"山珍三部"只是从物产入手，他要"警惕自己不要写成奇异的乡土志"，而是通过三种物产来观察"世道人心"。作为消费主义时代"新贵"的山珍，不仅令它们自身陷入毁灭性的灾难，同时"失陷"的还有藏地的生态环境和藏民的生活方式。

这一年值得重视的还有阿来的多部作品被译为藏文和蒙古文出版：《奥达的马队》（藏文版），多吉华译，四川民族出版社出版；《格萨尔王》（蒙古文版），其达拉图译，新疆人民出版社出版；《孽缘》（藏文版），克波译，四川民族出版社出版。

2016年

五十七岁。随笔集《落不定的尘埃：阿来藏地随笔》由长江文艺出版社出版。"山珍三部"（《蘑菇圈》《三只虫草》《河上柏影》）由人民文学出版社出版。

诗集《阿来的诗》由四川文艺出版社出版。该书一共选了67首诗，增补了2001年出版的《阿来文集·诗文卷》中没有选入的十几首诗，正如阿来在自序中所言："补遗的这一部分，都是初学写作时的不成熟之作，但我还是愿意呈现出来，至少是一份青春的纪念。"①学者丹珍草指出："阿来的诗几乎都写于20世纪八九十年代，这本诗集属于'钩沉式出版'，记录了青年阿来的心迹……青年阿来的诗与当时的诗歌潮流实际上是疏离的，当时，藏族诗人的汉语诗歌创作与内地早期的朦胧诗一样，仍有革命抒情诗的影子，而阿来的诗已经开始了'精神何以安家'的追寻，表现出强烈的文化本土意识和文化寻根意识。"②"阿来的诗，没有休闲时代的语气和戏剧性的叙述，没有当下诗人关注的日常生活琐事或者平常的物品、现象、事件。他的诗有关辽阔疆域的'宏大叙事'，是祖先传说、民族历史、山河地理。阿来诗歌的意象、情感和气质更趋向地方性诗学的旨趣，同时超越固有的地方秩序，在地方性的物候与气质的浸淫中，从经验环境与内在感受的互动生成与更新出发，豪迈、大气，是对山河气象与历史气概的阐发，他的诗歌总是用自己的心智将眼中掠过的风景清洗一遍，在领略中重新认识世界，即便是简短的行吟诗也蕴含着史诗般的爱、责任和承担。"③

---

① 阿来：《阿来的诗·自序》，四川文艺出版社2016年版。

② 丹珍草：《群山，或者关于我自己的颂辞——评〈阿来的诗〉》，选自陈思广主编《阿来研究》，四川大学出版社2017年版，第10页。

③ 丹珍草：《群山，或者关于我自己的颂辞——评〈阿来的诗〉》，选自陈思广主编《阿来研究》，四川大学出版社2017年版，第21页。

2017年

五十八岁。科普、科幻散杂文集《大雨中那唯一的涓滴》、演讲集《当我们谈论文学时，我们在谈些什么——阿来文学演讲录》由陕西师范大学出版总社出版。

《大雨中那唯一的涓滴》是阿来任职《科幻世界》期间的一系列以科普、科幻为主题的散杂文合集，从中可了解1997—2005年间世界科学界的发展轨迹，不仅让我们仰望星空，也让我们俯视大地、内窥自己。作者从人文关怀的角度，对科学成果的应用给人类带来的从生活到思想到精神的影响做了深刻阐述，而这些见解即使今天读来依旧发人深省。

2018年

五十九岁。《空山》更名《机村史诗》由浙江文艺出版社出版。距《空山》初版已过去十几年，为什么再版会以"机村史诗"的名字，以及"六部曲"的形式来重新呈现？阿来表示，机村的"机"，在藏语里的意思是"根"，乡村就是他的根，乡村也是所有中国人的根。通过对具体而微的乡村人事变化的呈现，包括人心的异动、信仰的消弭、村庄的散落、森林的消失，等等，阿来想要为之作传的，不仅仅是这座历经半世纪社会变革涤荡的"机村"本身的历史。他想描绘的，也不仅仅是"机村"所象征的藏族乡村在历史大潮冲击下失落的文化风情画，或许只是想编织一曲旧时乡村的挽歌。他想要刻画的，是处在社会变革带来的痛苦和希望交替冲击之下的乡人；他想要记录的，是被裹挟在全球性的城市化浪潮中反复遭遇断裂和重组的最为广大的藏族甚至中国乡村。

5月6日，阿来与评论家李敬泽、施战军以"为人类命运共同体发声"为题，就《机村史诗》进行了对谈。李敬泽说："《机村史诗》是一座完整的山，这个山里自成一个巨大的形态，它依然是现代的山，且变成了现代世界的一部分，变成了现代逻辑的一部分。这个巨大的过程正是一个史诗的过程，因此《机村史诗》这本书确实构成史诗，是可以与传奇史诗《格萨尔王》作比的现代意义上的壮丽史诗。"

11月17日，由中国作家协会主办的"边地书、博物志与史诗——阿来作品国际研讨会"在北京师范大学举行。中国文联主席、中国作协主席铁凝出席并致辞。铁凝在致辞中表示，1982年，阿来发表了诗歌《振响你心灵的翅膀》，从此踏上漫长的文学旅程。"高原""群山"这些极富地域辨识度的词语，以及词语背后的意象，频频成为他致意、歌咏与沉思的对象。随着长篇小说《尘埃落定》的问世，中国文学乃至世界文学认识了这位在汉语和藏语之间穿行，以富有魅力的形式将两种语言笼罩下的不同心灵景观传达给读者的优秀作家。我们从阿来等藏族作家的文学作品中，认识藏区的山水、辨认藏族人民的面容、感受到他们的心灵律动。三十多位国内著名作家、评论家，以及陈安娜、罗福林、马海默、罗宾等来自瑞典、美国、德国、英国等国家的十四位汉学专家、学者齐聚一堂，从不同角度分析研讨阿来的文学创作，探讨阿来作品在域外的传播。

这一年《蘑菇圈》获第七届鲁迅文学奖。

2019年

六十岁。长篇小说《云中记》由十月文艺出版社出版。扉页上有这样几行字："向莫扎特致敬。写作这本书时，我的心中总回想着《安魂曲》庄重而悲悯的吟唱。"某种意义上，《云中记》正是阿来写给"5·12"汶川地震中逝者们的一首安魂曲。十年之后再次回望，在曾经的巨痛即将被大众遗忘的时刻，阿来用自己极度克制的笔触、平静的讲述和深刻冷静的思考，写出了拥有《安魂曲》般力量和美感的《云中记》。

2019年11月25日，由中国作协创研部、四川省作家协会、北京十月文艺出版社联合主办的阿来长篇小说《云中记》研讨会在北京举行。中国作协党组成员、副主席吉狄马加，四川省作协党组书记、常务副主席侯志明，北京出版社集团总经理曲仲出席会议并讲话。会议由中国作协创研部主任何向阳主持。吉狄马加谈道，"5·12"汶川特大地震后，党和政府展开的救援工作是令全世界瞩目的，充分体现了党的领导力量和国家的制度优势。《云中记》像不断回旋的复调，把现实、梦境、神话与地震过程中每个人感受到的具体细节有机地融合在一起，不是一般意义上的对地震灾难直接性的描写，而是更深刻地反映灾难发生之后民族文化的历史记忆与民族精神脐带断裂后的溯望，可以说是汶川特大地震之后沉淀下来的具有经典意义的作品，是近年来不可多得的一部长篇小说。